Éric Albert

PARTAGER LE POUVOIR, C'EST POSSIBLE

Albin Michel

À l'équipe de l'IFAS avec laquelle
j'essaie de partager le pouvoir

INTRODUCTION

L'entreprise mortifère

Il y a quelques mois, la presse s'est fait l'écho d'une découverte inhabituelle. Depuis plus de dix ans, les grands laboratoires de recherche du monde entier tentaient d'identifier, mais sans y parvenir, la structure d'une enzyme du virus du sida. Jusqu'à ce que le MIT invite les internautes à participer à la résolution de l'énigme à travers un *serious game*. Surprise. Il ne leur a pas fallu plus de trois semaines pour en venir à bout ! Des internautes de tous âges (y compris de jeunes adolescents) et de toutes formations ont uni leurs efforts pour résoudre le problème. Quand les meilleurs scientifiques du monde tournent en rond, la communauté des internautes trouve la solution.

Cette anecdote symbolise une évolution sociétale majeure aux conséquences considérables. Les valeurs, le rapport au travail, la relation à l'autre, la façon de s'investir, la projection dans le temps, tout évolue.

Commençons par la projection dans le temps. La nouvelle génération ne croit plus que demain sera meilleur qu'aujourd'hui. Plus question donc de sacrifier le présent pour le futur. Celui qui fait des promesses laisse au mieux sceptique voire suscite la méfiance. Dès lors, dans ce présent, la recherche du fun, de la relation, de la créativité, de la contribution à un collectif par essence éphémère, domine. Ce qui modifie la relation à la hiérarchie. Le modèle vertical fondé sur la légitimité des chefs est d'emblée contesté ou rejeté. Le nouveau modèle est établi sur l'échange entre pairs. Se construisent alors d'éphémères tribus qui partagent des codes et des valeurs où l'on entre et sort au gré de ses envies.

Pour les entreprises, la question est de savoir comment elles s'adaptent à cette nouvelle donne. Mal pour la plupart. Alors que certaines prennent la vague de cette révolution pour inventer un nouveau modèle, la grande majorité d'entre elles passent à côté. Dans un univers mondialisé qui change en permanence, beaucoup ont le sentiment de perdre la maîtrise de leur destin. Prise dans une course effrénée, l'entreprise vit ce bouleversement comme une précarité permanente et déstabilisante. Moins elle contrôle son environnement, plus elle fait peser à l'intérieur une main de fer. Process et reportings, réduction des coûts et amélioration de la performance constituent le quotidien des salariés. Ils se sentent verrouillés et confinés dans des tâches d'exécution. Ce qui n'empêche pas le management de prôner l'autonomie et la prise d'initiative ! Injonctions paradoxales, qui aggravent encore cette perception de malaise.

Malaise certes mais, diront certains, les individus n'ont qu'à faire preuve eux aussi d'adaptabilité. Après tout, ce n'est pas la première fois dans l'histoire que les salariés sont confrontés à une nouvelle donne qui change à la fois l'organisation du travail et les modes de management.

En fait, la logique capitaliste, poussée à l'extrême, a cassé l'un des ressorts essentiels à son bon fonctionnement : la confiance. Sans confiance entre les acteurs membres de l'entreprise, celle-ci s'assèche et dépérit. C'est la prédominance du critère financier qui pousse à aller toujours plus loin. Progressivement, l'entreprise est devenue un simple objet de spéculation. Cette domination de l'actionnaire sur les autres parties prenantes a profondément déséquilibré et tendu toutes les relations.

L'entreprise évolue donc exactement à l'inverse de la société. Quand l'une est plus horizontale, collaborative, émotionnelle, tribale, s'appuie sur l'envie des acteurs et la souplesse des communautés, l'autre se rigidifie et se hiérarchise, fonctionne sur la contrainte, valorise la performance individuelle, repose sur les rapports de force et la méfiance. Jamais l'entreprise dans son histoire ne s'est trouvée à ce point en décalage avec son environnement. Ça a même toujours été l'inverse. C'est l'entreprise qui a créé la société de consommation et de loisir, c'est elle qui a contribué à l'émancipation féminine à travers le salariat, c'est encore elle qui permet à une classe moyenne d'émerger dans les pays en développement. Elle a toujours été en avance et là elle est en panne.

Les signes d'essoufflement sont désormais tangibles. Ceux qui y travaillent ne rêvent souvent que de la quitter. La retraite est un graal attendu comme le bout d'un long tunnel. Les salariés se méfient de leur hiérarchie. À plus de 60 % en France, ils pensent que leurs propres dirigeants ont des intérêts divergents des leurs. Discours classique de lutte des classes diront certains. Ce pourrait être le cas s'il s'agissait seulement d'un malaise des uns et pas des autres.

Le management de proximité a perdu tous ses points de repère. Et les dirigeants ? Eux-mêmes semblent avoir trouvé une limite à ce modèle. C'est souvent lorsqu'ils ne sont plus en charge des affaires qu'ils disent ce qu'ils pensent comme Claude Bébéar, Jean Peyrlevade, ou Francis

Mer. Leur témoignage est unanime : la pression de l'actionnaire sur l'entreprise la met dans l'impasse.

En somme, tous ceux qui sont censés faire fonctionner le modèle actuel doutent.

L'actionnaire désireux de s'enrichir toujours plus vite mène l'entreprise à l'erreur. Certaines affaires récentes montrent que beaucoup d'institutions elles-mêmes ont triché. Mais il n'y a pas que les banques. Le nouveau phénomène de rappels de produits montre comment la pression induit des défauts de fabrication qui peuvent mettre parfois le consommateur en danger. Elle finit par faire dérailler.

Poussé au bout de sa logique, le capitalisme engendre un individualisme forcené dont le ressort est la capacité à gagner contre les autres. Le rapport de force est devenu la règle du jeu. L'objectif : être dans une position dominante pour tordre, si besoin, le bras de son interlocuteur.

Lorsque le salarié, le citoyen et le consommateur ne s'y retrouvent plus, il est probable que ce n'est plus seulement un malaise mais une limite qui a été atteinte. L'entreprise, telle qu'elle a évolué, est alors devenue mortifère. Ce système ne durera pas. Il en va de sa survie de se modifier, ce que d'ailleurs il a toujours su faire jusqu'ici.

En fait, il a commencé à changer, les prémices d'un nouveau type d'entreprise existent déjà.

Partout fleurissent des initiatives qui illustrent cette recherche d'un nouveau modèle. D'un côté celles qui inscrivent dans leur finalité première de respecter les intérêts de toutes les parties prenantes. De l'autre, celles qui s'appuient sur des modes de gouvernance plus participatifs qui donnent une vraie place aux salariés actionnaires. Ailleurs encore, de nouveaux modes de management émergent.

Toutes conjuguent une meilleure efficacité… et une plus grande harmonie interne. Aucune question n'est taboue notamment celle du partage de la valeur et du poids respectif du capital, du risque, de la contribution des managers et de celle des salariés.

Parce que le capitalisme est le modèle unique et tout-puissant, il est fragile. Sa seule façon de survivre est de se réinventer en permanence. Sa plus belle invention est l'entreprise et son management. C'est elle, sur le terrain, qui réinvente un modèle à bout de souffle.

1.

Donner envie, Zappos

June ne cache pas sa surprise. Ce n'est pas la première fois qu'elle fait face à une demande bizarre, mais cette fois elle est interloquée. Cela fait maintenant deux ans qu'elle travaille au centre d'appel de Zappos (dérivé de l'espagnol zapatos, *chaussures), le leader américain de la vente de chaussures par internet. Elle adore son travail et les conditions dans lesquelles elle l'exerce. Ce soir, la demande est plutôt inattendue. Elle vient d'une bande d'amis, visiblement un peu éméchés, qui désirent qu'on leur livre une pizza au pepperoni dans leur chambre d'hôtel au fin fond du Middle West. Après un moment de surprise, June retrouve vite ses esprits et déniche dans la liste des pizzerias locales celle qui acceptera de faire une livraison jusqu'à l'hôtel. En fait, cette belle histoire clôture en général l'une des innombrables conférences données par le P-DG sur la saga de l'entreprise. Elle est connue de tous sous le nom de code de « pizza story ». C'est lui en effet qui, de retour à l'hôtel tard dans la nuit avec quelques-uns de ses commerciaux, était à l'origine de cette demande saugrenue faute d'un room service ouvert à cette heure. Une histoire qui, à ses yeux, illustre parfaitement la philosophie maison : « Nos employés sont invités à faire preuve d'initiative et de bon sens pour satisfaire en toutes circonstances les clients. »*

Zappos.com est une société de vente de chaussures par internet créée à la fin du XXe siècle, installée d'abord du côté de San Francisco puis à Las Vegas. C'est l'un des grands succès du commerce en ligne de ces dernières années. Un succès fondé sur un triptyque (qualité du service, culture d'entreprise et bonheur au travail) que Tony Hsieh, le P-DG – le CEO en version américaine – américain d'origine taïwanaise, s'attache aujourd'hui encore à vanter à travers les États-Unis, convaincu que l'objectif de l'entreprise n'est pas tant de vendre des chaussures que d'« imaginer, créer, croire en son propre univers ». L'envie d'offrir le meilleur service possible, l'envie d'inventer une culture d'entreprise forte, l'envie d'en apprendre davantage sur l'art et la manière d'ériger le bonheur en principe de management[1]… « In fine, l'attachement à votre marque n'en est que plus fort, confiera-t-il un jour à un journaliste de *Business Week*. À choisir entre deux entreprises, vous adhérerez plus facilement à celle qui vous inspire. » La stratégie est couronnée de succès : Hsieh atteindra son objectif – faire passer en dix ans le chiffre d'affaires de Zappos de 1,6 million de dollars à 1 milliard – avec deux ans d'avance, et Zappos n'en finira plus de grimper au classement établi par le magazine *Fortune* des entreprises où il fait bon travailler. Le mot d'ordre est de marier « l'excellence absolue du service à la clientèle[2] » et le bien-être de collaborateurs motivés par un environnement amical, chaleureux et stimulant, qui laisse place à l'humour et à l'anticonformisme. « Des salariés heureux font des clients enchantés », clame le business modèle.

1. Tony Hsieh raconte cette aventure dans *L'Entreprise du bonheur*, Leduc, coll. « Zen-business », 2011.
2. *Ibid.*

Envie de travailler chez Zappos ? Pour en être sûr, l'entreprise a développé un processus d'intégration très particulier. Après les quatre premières semaines consacrées à un cycle d'intégration et de formation, les candidats à l'embauche définitive se voient offrir la proposition suivante : ils peuvent rester dans l'entreprise ou la quitter sans plus attendre. Dans cette seconde hypothèse, ils reçoivent immédiatement 4 000 dollars. Bref, ils encaissent une prime s'ils décident de s'en aller ! Le montant de la prime a été relevé récemment car à 2 000 dollars, la proposition n'était pas suffisamment incitative (le pourcentage de personnes qui acceptent le chèque n'excède pas 2 % à 3 % !) !

La philosophie de Tony Hsieh, entrepreneur hors normes qui avait déjà fait fortune à vingt-quatre ans en cédant sa précédente affaire à Microsoft pour 265 millions de dollars, est de s'appuyer sur les principes de la psychologie de l'engagement. En proposant une prime au départ, il commence par tester l'envie de ses salariés de rester car il fait le pari que, plus ils auront le sentiment d'avoir fait un choix en toute liberté, plus le fait de rester leur « coûtera » indirectement, plus leur engagement pour l'entreprise sera important. « Nous voulons être certains que les employés ne travaillent pas chez nous uniquement pour gagner leur vie, aime-t-il à préciser. Nous voulons qu'ils croient en notre vision à long terme et qu'ils fassent partie de notre culture[1]. »

Cet exemple est souvent cité car il est spectaculaire, mais les vertus de ce « modèle » ne s'arrêtent pas à la méthode de recrutement. Pour entretenir l'envie de s'impliquer entièrement dans le service clients, la société encourage ses employés à s'épanouir individuellement en bâtissant

1. *Ibid.*

collectivement une culture forte tout entière fondée sur le bien-être au travail et sur la qualité sans faille du service au client. Un ciment indispensable car une très grande autonomie leur est accordée. Toute liberté est laissée au téléconseiller qui ne récite pas un script tout préparé et ne se voit imposer aucune durée standard d'appel. Plusieurs anecdotes circulent sur cet engagement vis-à-vis des clients. L'une évoque un appel qui a duré deux heures ; une autre l'initiative prise par une opératrice qui décida d'envoyer une couronne de fleurs à une cliente qui souhaitait renvoyer des chaussures achetées pour son mari décédé entre la commande et la livraison !

Avec le temps, l'aventure Zappos a démontré la possibilité de développer une entreprise à très forte valeur ajoutée pour le client à travers une relation à distance. Un pari risqué ! « Même si le service à la clientèle avait toujours joué un rôle important, il était quelque peu audacieux d'en faire l'élément central de notre marque, surtout pour une entreprise de commerce en ligne[1] », confiera Tony Hsieh. Traiter ses fournisseurs en partenaires et surtout étonner le consommateur par la qualité du service figure au premier rang des valeurs, avec un modèle qui fonctionne tellement bien qu'il repose sur la fidélité du client et le bouche à oreille. Clairement, les dirigeants de cette entreprise n'ont pas fait le choix du low-cost et de la standardisation qui y est associée mais celui d'un service adapté à chaque client. Choix industriel et managérial opposé à celui d'Amazon qui au contraire a tout rationalisé. Cela dit, la firme de Jeff Bezos a montré son sens stratégique en rachetant Zappos et en lui permettant de préserver son modèle.

1. *Ibid.*

L'efficacité globale réside en grande partie dans la force de sa culture et la manière dont celle-ci est vécue jour après jour. Ici encore, si toutes les entreprises mettent en avant leurs valeurs et leur culture, chez Zappos, ce qui est important c'est la façon dont tous se les approprient et montrent qu'elles font partie de leur univers quotidien. Ainsi, chaque collaborateur est sollicité pour raconter comment il les applique à sa façon. Tous les textes sont réunis dans un ouvrage volumineux qui est offert à chacun. Le groupe en publie une nouvelle édition tous les ans qui est adressée aux recrues potentielles, aux fournisseurs et même aux clients. Ainsi les dix valeurs de base de l'entreprise sont incarnées et vivantes. Ce qui compte : qu'elles soient visibles dans les actes quotidiens de chacun et dans les prises de décision.

La passion de l'entrepreneur pour son modèle et les témoignages enthousiastes des collaborateurs recueillis dans les innombrables reportages consacrés à la firme sont très convaincants. Pour autant, comme toute entreprise soumise aux fluctuations de la conjoncture économique, Zappos n'est évidemment pas à l'abri des aléas propres à la vie des affaires. Ainsi, la crise financière et ses conséquences prirent la société, comme bien d'autres, en flagrant délit de prévisions de croissance trop optimistes. Les dirigeants durent se résigner à licencier 8 % des effectifs en novembre 2008. Le management fit de son mieux pour gérer ce passage difficile en accord avec l'esprit de l'entreprise (transparence, conditions de départ...). Mais un plan de licenciement reste un plan de licenciement. De même, à l'été 2009, la nécessité d'accéder à de nouvelles ressources jette le site – il vend aussi désormais des vêtements, des sacs...– dans les bras d'Amazon qui rachète Zappos pour 1,2 milliard de dollars. Tony Hsieh négocie avec Jeff Bezos le maintien de l'autonomie et de la culture de Zappos au sein du géant du commerce en ligne. « Dans un premier temps, Amazon voulut littéralement "acheter" Zappos au comptant [...]. Mais ce genre de transactions ne nous convenait pas [...]. Nous voulions continuer à faire connaître la marque, ses opérations et sa culture. Et aussi à nous sentir maîtres de l'entreprise[1]. » Dans un mail adressé à tous les employés, Tony Hsieh se refuse à parler de vente ou de cession d'actifs à Amazon et préfère suggérer : « Zappos et Amazon font un pique-nique » avant d'ajouter : « Nous continuerons à gérer [...] comme nous l'avons toujours fait : en donnant la priorité à notre marque, à notre culture et à nos opérations [...]. Nous ne changeons pas de vision : prodiguer le bonheur à nos clients, nos employés et nos fournisseurs. Nous voulons seulement le faire plus vite[2]. » Difficile aujourd'hui encore de dire si la culture Zappos se fondra ou non dans celle de l'immense compagnie. Mais Amazon semble avoir compris que la poule aux œufs d'or ne tient que par l'équilibre constitué par la cohérence de son modèle. Tout son enjeu sera de le faire vivre à côté des autres activités du groupe gérées bien différemment.

L'aventure de Tony Hsieh, de ses associés et de ses collaborateurs est riche d'enseignements mais aussi d'espoir. Pratiqué par ces nouvelles entreprises, l'esprit de responsabilité s'exprime fondamentalement dans le dépassement des objectifs individuels pour partager des objectifs collectifs. Chacun devient porteur du projet d'ensemble. Ce qui lui donne toute légitimité pour demander des explications

1. *Ibid.*
2. *Ibid.*

sur le fonctionnement de tout ou partie du système et en même temps l'oblige à la vigilance. Ce niveau d'implication pratiqué à l'échelle de l'ensemble des acteurs n'existe que lorsqu'il y a appropriation réelle de l'entreprise et de ses enjeux. Ce modèle est l'exact opposé du taylorisme où chacun n'est comptable que de sa tâche dont la performance est mesurée par une série d'indicateurs. Celui-ci est pensé par le haut avant de faire en sorte que l'exécution soit la meilleure possible. Lorsque des dysfonctionnements apparaissent, les débats sans fin se multiplient pour identifier le salarié qui n'aurait pas bien exécuté sa tâche. Lorsque des imprévus surgissent ou que des erreurs sont commises par les collègues, mieux vaut donc se faire oublier, ne rien signaler pour éviter les ennuis ou la surcharge de travail. Le dirigeant n'a plus qu'à se plaindre du manque de sens de responsabilités de ses équipes ! Le modèle Zappos montre au contraire que la motivation est la clé de la réussite. Toutes les entreprises en sont convaincues, alors pourquoi rares sont celles qui empruntent ce chemin ?

2.

Recherche motivation désespérément

Roger est exaspéré. Une nouvelle directive qu'il vient de recevoir sur sa boîte mail supprime l'enveloppe de rémunération variable dont il disposait pour ses collaborateurs directs. Désormais, c'est son n + 2 qui validera le bonus de chacun avec un visa des ressources humaines. Autant dire que sa marge de manœuvre est devenue quasi nulle. Il travaille dans l'entreprise depuis plus de vingt-cinq ans et vit cet événement comme une marque de défiance supplémentaire. « Et comment vais-je pouvoir les motiver maintenant ? Ce n'est pas avec des bonnes paroles qu'ils vont se donner du mal pour atteindre leurs résultats. Déjà que la motivation n'est pas au beau fixe… »

La motivation, c'est ce qui fait que le but est dans le chemin. La récompense est dans l'activité elle-même. La motivation intrinsèque s'oppose à l'extrinsèque qui elle repose sur l'attente d'une récompense en échange de l'action. L'intrinsèque suppose de choisir ce que l'on fait. Lorsqu'un collaborateur décide de rester chez Zappos plutôt que prendre les 4 000 dollars s'il repart, il fait un choix, on l'a vu. Et plus la contrepartie de son choix est importante, plus son envie de travailler dans cette entreprise est forte. Pas de motivation intrinsèque sans valeurs puissantes et incarnées par toute la ligne hiérarchique. De plus, pour favoriser le libre choix, il faut donner de l'espace à chaque collaborateur pour qu'il décide, au moins en partie, ce dans quoi il s'engage. C'est la base du fonctionnement d'une autre société, Gore-Tex. Chacun choisit les projets dans lesquels il s'investit. Mais c'est aussi le modèle du temps de liberté et de créativité d'une journée par semaine de Google. Chacun peut la consacrer au projet qu'il a choisi. C'est ainsi que 50 % des innovations de Google viennent de ce temps totalement libéré des contraintes.

Libre choix suivi d'une grande autonomie. Que ce soit dans la façon de s'organiser, dans celle de prendre des initiatives, ou encore de lancer des innovations, la motivation semble proportionnelle à la liberté donnée. Nous le verrons au fil des exemples, toutes les entreprises qui réinventent des modèles de fonctionnement s'appuient sur cette autonomie. Celle-ci repose sur le constat que chaque personne (ou chaque équipe) à son travail est la mieux placée pour s'organiser de la façon la plus efficace. À condition d'avoir compris les objectifs et de se les être appropriés. Mais aussi à condition de disposer de paramètres simples de suivi de sa performance. Dans la grande majorité des cas, un salarié trouve les solutions pour mettre en place le fonctionnement optimal et pour résoudre les problèmes qu'il rencontre. Certains vont même jusqu'à accorder cette liberté pour engager des frais ou des investissements nécessaires.

Enfin, cette motivation suppose une dynamique collective puissante. C'est toujours l'équipe qui gagne, jamais l'individu seul et encore moins contre les autres. Tout est fait dans ces entreprises pour faciliter le lien entre les acteurs, l'entraide et la convivialité. La bonne humeur est de mise, la dimension festive omniprésente. Le temps passé à discuter entre collègues autour de la machine à café ou d'un baby-foot est partie intégrante du travail car considéré comme essentiel.

Ce que nous décrivons là peut paraître à des années-lumière de la réalité de la plupart des entreprises françaises (et même européennes). De fait, c'est le cas ! Pourquoi n'arrivent-elles pas à ce modèle à la fois plus harmonieux et efficace ? C'est d'abord dans la tête des hommes qu'il faut en chercher la cause.

Les dirigeants, comme tout un chacun, construisent leur modèle d'action sur des convictions. En l'occurrence, dans le milieu professionnel, ce qui est déterminant est le modèle d'efficacité qu'ils se sont forgé. Qu'est-ce qui fait que « cela marche » ? Comment une entreprise est-elle plus compétitive qu'une autre ? En fonction des réponses à ces questions sont construits la stratégie, l'organisation et le mode de management.

Mais les dirigeants ont des émotions qui, elles aussi, jouent sur leurs choix et leurs comportements[1].

Leur modèle d'efficacité vient d'abord de leur parcours éducatif. Peu à peu se forgent des certitudes bien ancrées qui, des années plus tard, vont structurer toute l'organisation de l'entreprise.

La première d'entre elles est l'individualisation de la performance et la compétition entre les acteurs. Dès l'école, ils ont été comparés et classés. Un premier et des suivants. Chacun, qu'il le veuille ou non, est obligé d'entrer dans cette compétition. Le premier est glorifié s'il réussit aux concours : il gardera en France une image très valorisante toute sa vie. On dira de lui même vingt ans plus tard :

---

1. Nous avons montré dans un précédent ouvrage le poids des schémas mentaux et des émotions sur les comportements : Éric Albert, *Le Manager durable,* éd. d'Organisation, 2004.

il a été major de… Sorte de passeport censé lui ouvrir toutes les portes et tous les succès. Il sera montré comme l'exemple à suivre.

Puis la vie professionnelle reproduit le modèle de la sélection par les performances individuelles. Celui qui fait mieux que ses pairs est remarqué ; c'est parce qu'il dépasse leur niveau de performance qu'il grimpe plus vite et plus haut. Tout son parcours repose sur la compétition et la comparaison. Le dirigeant est l'un d'eux : il en est sorti vainqueur. Il a constaté que ceux dont il jugeait qu'ils se donnaient moins de mal (voire qu'ils avaient moins de talent selon la perception qu'il a de ce qui fait son succès) réussissaient moins bien. Chaque échelon gravi renforce un modèle axé sur la volonté, le goût de l'effort, les qualités personnelles. L'individu est la clé de tout. Et donc, l'une des tâches qu'il ne délègue pas est la sélection des autres dirigeants. C'est même souvent son principal acte de management. Ils sont choisis avant tout en raison de leur proximité et de leur similitude avec celui qui décide. Dès qu'une entité dysfonctionne, la grille de lecture appliquée est celle de savoir si celui qui la dirige est « l'homme de la situation ». Toute une activité s'est créée pour répondre à ce modèle de l'homme providentiel : la chasse de têtes. Les chasseurs de têtes sont avant tout des prestataires qui font rêver les dirigeants en prétendant être capables de trouver ceux (ou celles) qui assureront le succès.

Ce modèle d'efficacité va les conduire à construire une organisation et des modalités d'évaluation qui y sont liées. La base du système ? C'est l'entretien annuel qui fait le bilan de l'année précédente, fixe des objectifs et sert de base pour fixer la rémunération variable, le plan de développement et les promotions éventuelles. Une considérable mécanique organisationnelle est mise en place pour suivre les salariés. Elle occupe une bonne partie du temps des managers et des fonctions support. Chacun comprend vite qu'il a intérêt à se centrer sur ses propres objectifs pour survivre. Le travail en équipe vient dans un second temps. C'est au management de s'en charger. Personne ne semble voir les contradictions avec l'individualisation de la performance.

Deuxième certitude : l'argent est le moteur principal. Les dirigeants en gagnent beaucoup et considèrent qu'ils le méritent. Leur progression hiérarchique s'est accompagnée d'un double mouvement. À chaque nouvelle marche, ils considèrent que la contrepartie des responsabilités qu'on leur donne suppose un sacrifice de leur vie personnelle. Plus on monte, plus il est normal que le travail envahisse la vie. Les week-ends servent à écluser ce qui n'a pas été fait pendant la semaine. Les relations sociales sont liées au travail. Du petit déjeuner au dîner, chaque minute a son utilité en lien avec le poste occupé. Plus le dirigeant est ainsi totalement dédié à sa vie professionnelle, plus il s'attend à avoir un niveau de rémunération important. Ce modèle devient sa référence. Il le considère comme le moteur de toute motivation. Il est d'ailleurs conforté dans cette hypothèse par les revendications salariales. Plus les collaborateurs seront payés, plus ils seront motivés bien sûr. L'usage de la rémunération variable devient l'un de ses outils de pouvoir préférés.

Par définition, le travail est un sacrifice et une contrainte. Le chemin est pénible, il n'est supportable que via la contrepartie financière. L'argent compense le sacrifice. Et donc, plus on donne à l'entreprise, plus celle-ci vous paye. Proposition qui est volontiers renversée par les dirigeants : plus on est payé, plus on est motivé et plus on a un devoir de sacrifice.

Les études sur la motivation montrent l'inverse : plus on se lance dans une tâche sous la contrainte et en échange d'une contrepartie, moins on est motivé.

Troisième certitude : piloter, c'est contrôler. Jouer son rôle de dirigeant consiste avant tout à prendre les bonnes décisions, à donner les orientations, à suivre la mise en œuvre des objectifs. Il s'agit, avant tout, d'assumer une fonction de chef au sens classique du terme : celui qui maintient le bateau dans le bon cap et à la bonne vitesse. Plus l'entreprise est grande, plus la difficulté pour piloter est de savoir ce qui s'y passe. Le dirigeant a besoin d'un système très sophistiqué de remontées d'informations et consacre une très grande partie de son temps à s'informer sur la situation de son entreprise. Il est pris dans une course en avant pour disposer des informations qui vont lui permettre de décider en toute connaissance de cause. De plus, le contrôle est ce qui permet de sanctionner et de récompenser. Pourquoi est-il indispensable ? Pour exercer le pouvoir.

Enfin, ce modèle d'efficacité des dirigeants passe par la pression. L'idée de base ? L'individu a besoin d'être stimulé. Outre l'argent ou les récompenses, cette stimulation repose sur la capacité à pousser les acteurs. Ils ont souvent vérifié qu'en mettant sous tension leurs équipes, les résultats étaient meilleurs. Ils ont d'ailleurs rapidement appris comment faire. Pression par la peur et la menace, pression par la mise en rivalité, pression par les colères – imprévisibles en général – du chef. Le résultat ? Cela pousse plus encore les équipes à tout sacrifier pour atteindre des résultats à court terme. Comme cela fonctionne, le procédé se diffuse. La pression devient un mode de management en soi. Ainsi dans ce grand groupe pharmaceutique international, la filiale française doit transmettre ses chiffres de vente de façon quotidienne. Chaque fois qu'ils ne sont pas parfaitement conformes à ce qui est attendu, le responsable doit donner des explications et des mesures correctives. Celui-ci transmet à ses équipes la même pression que celle qu'il reçoit. Chacun passe une bonne partie de son énergie à justifier ce qu'il a fait et ce qu'il fera.

Ces quatre principes structurants du modèle dominant d'efficacité sont tous au moins partiellement vrais. Sinon, ils ne seraient pas si ancrés dans le schéma mental des dirigeants. Mais comme tout le monde, ils ont tendance à sélectionner les informations qui les confirment dans leurs convictions plutôt qu'à les remettre en cause. Et surtout ils n'en mesurent pas toujours les conséquences.

Les dirigeants se construisent donc une représentation de leur action à partir d'un raisonnement rationnel et d'une expérience mais leurs choix dépendent aussi de leurs émotions. Ces émotions peuvent être grossièrement classées en deux catégories, les positives et les négatives. La palette des émotions est aussi riche que les couleurs de l'arc-en-ciel, la description qui suit est donc par définition schématique.

Les émotions positives s'organisent souvent autour du trio satisfaction, fierté, plaisir. Satisfaction à voir l'entreprise qu'il dirige bien fonctionner. Si ça marche bien, il y est pour quelque chose, la fierté n'est pas loin. Elle est d'ailleurs largement entretenue par son entourage qui ne manque pas une occasion de le flatter et par son environnement personnel auprès duquel sa position de dirigeant est très valorisante. L'exercice quotidien du pouvoir lui procure du plaisir. Il aime avoir à décider, il est stimulé par les problèmes qui se posent et les solutions qu'il valide. Cette position de dernier recours, qui fait que beaucoup de décisions lui remontent, alimente la jouissance d'être aux manettes. Il a souvent gardé une compétence technique et adore montrer combien il la maîtrise (souvent mieux que ses collaborateurs). Enfin, il apprécie de faire partie de la caste des dirigeants. Pour se procurer ces émotions, il lui faut construire une organisation qu'il maîtrise et où le plus de choses possible lui remontent.

Il peut aussi être assailli d'émotions négatives. D'expérience, le dirigeant sait qu'il n'est jamais assez méfiant. Il sait que ceux qui l'ont soutenu peuvent à tout moment se retourner contre lui. Il connaît la fragilité d'une réputation. Il voit que ses pairs sont de plus en plus souvent remerciés du jour au lendemain et ont intégré la règle du jeu du capitalisme financier : chacun pour soi. Cette expérience le conduit à avoir peur en permanence. Peur de ne pas réussir, peur d'être trahi, peur de perdre sa position, peur de ne pas suffisamment maîtriser l'ensemble des paramètres de l'entreprise. Cette peur permanente induit deux comportements : un surinvestissement dans son travail, d'une part, et un besoin de tout contrôler, d'autre part. Enfin, certains dirigeants sont habités par la culpabilité. La contrepartie de la conviction que si les choses marchent c'est grâce à eux est leur responsabilité lorsque ça ne marche pas. Cette culpabilité peut les conduire à avoir des colères mémorables.

Dans ce contexte, les dirigeants conçoivent l'entreprise comme pyramidale, individualiste, régie par des process et disciplinée. Cependant, ils réalisent que, pour bien fonctionner, elle a d'autres besoins. Il faudrait aussi que les collaborateurs soient impliqués, qu'ils prennent des initiatives, qu'ils travaillent plus en collectif, qu'ils innovent, etc. Pour y répondre, ils vont ajouter des couches de programmes de formation, d'incitations financières de toutes sortes, de plans de communication interne. L'envie devient un devoir. Faute de savoir la susciter, elle est prescrite.

Ceux qui l'ont apparaissent comme des êtres exceptionnels, présentés à tous en modèles à suivre. Les dirigeants considèrent que tous les collaborateurs devraient avoir les mêmes ressorts que les leurs.

En somme, les entreprises traditionnelles ne dépassent pas leurs propres contradictions. Elles verrouillent l'organisation et voudraient de l'initiative, elles mettent un carcan et attendent que des envies s'expriment. Ces contradictions pèsent sur les équipes et alimentent les tensions. C'est le fond du modèle qu'il faudrait revoir. De leur côté, les nouvelles entreprises ont un cadre de référence radicalement différent. Ce que les unes répètent comme une litanie sans arriver à l'obtenir, pour les autres, c'est simple et évident. Voyons maintenant pourquoi elles n'arrivent pas à faire confiance…

3.

Faire confiance, Favi

Comme chaque soir après la fermeture, Christine fait le ménage dans l'atelier. L'usine est déserte à cette heure de la journée lorsque, sur le coup de 20 h 30, le téléphone sonne. Elle décroche et comprend qu'à la suite d'un quiproquo sur son heure d'arrivée, un client est en rade à l'aéroport de Roissy. Immédiatement, Christine décide de prendre l'une des voitures de la société et fait 300 km aller-retour pour aller chercher cet hôte de marque, le déposer à son hôtel et retourner terminer le nettoyage des locaux. Le lendemain, l'ingénieur qualité de Fiat, client potentiel dépêché depuis Milan pour auditer l'entreprise picarde, fera l'éloge de cette dame fort sympathique, courtoise, grâce à laquelle il a pu rejoindre son hôtel et être ainsi à l'heure au rendez-vous de ce matin... Jean-François Zobrist, le patron de l'entreprise, découvre l'épisode. Il devra mener sa petite enquête pour savoir qui a bien pu servir de chauffeur à son visiteur car Christine n'avait pas jugé utile d'en faire état. Elle avait tout simplement laissé en suspens sa tâche habituelle pour faire trois heures de route parce qu'elle estimait que c'était ce qu'il fallait faire ! Décryptage du P-DG : « La chose a été possible grâce aux conditions [...] de responsabilisation de chacun mises en place, mais aussi grâce à une condition matérielle aussi simple que la libre disponibilité des véhicules de la société. C'est là une des forces de ce système : sa cohérence[1]. » *Dans cette société, non seulement on fait confiance à chacun pour apprécier une situation et prendre l'initiative qui convient, mais la confiance se concrétise dans la vie quotidienne. En l'espèce, l'accès aux voitures dont les clés sont sur un panneau ouvert à tous. L'auditeur italien bonifiera la notation de Favi de 10 % !*

Nous sommes à Hallencourt, un petit village picard de quelque 1 500 âmes, à 13 km au sud d'Abbeville. Là, au cœur de la baie de Somme, se niche l'entreprise Fonderie et atelier du Vimeu, une entreprise spécialisée dans la conception, l'usinage et l'assemblage de pièces en alliage cuivreux de toutes sortes, à commencer par des fourchettes de boîtes de vitesses et des rotors de moteurs électriques. Favi destine quelque 80 % de son activité à la sous-traitance automobile, un secteur où on délocalise et où les contraintes techniques et financières sont souvent brutales. Malgré tout cela, malgré une conjoncture calamiteuse dans l'automobile européenne, l'entreprise (80 millions d'euros de chiffre d'affaires en 2012) affiche des bénéfices plutôt solides et semble durablement accrochée à son village. Elle fournit 60 % du marché automobile européen dont, en exclusivité, certains constructeurs comme Volvo qui prend là 100 % de ses pièces depuis vingt-cinq ans ou PSA qui en prend plus de 80 %.

Le secret de cette réussite[2] s'est incarné longtemps dans un homme, Jean-François Zobrist, chef d'entreprise atypique qui a développé une approche tout à fait originale du management. Dans son esprit, il ne s'agit nullement de

1. *Un petit patron naïf et paresseux*, éd. Stratégie et Avenir/Dialogique, 2009.

2. *La Belle Histoire de Favi, l'entreprise qui croit que l'homme est bon*, éd. Humanisme et Organisations, 2013.

croire ou d'affecter de croire que l'univers de l'entreprise se confond avec celui d'une association caritative, mais de mettre en pratique une conviction solidement ancrée : la performance passe par l'humain et par la confiance que l'on place en lui. Conviction résumée d'une formule qu'il affectionne : « Ici, on part du principe que l'altruisme est le meilleur moyen de faire du fric. » Et si Jean-François Zobrist a passé le flambeau en 2008 à Dominique Verlant, entré tout jeune chez Favi et qu'il avait « biberonné » à la culture maison, il écume encore aujourd'hui les conférences et autres tables rondes à travers la France pour porter la bonne parole. Tandis que la plupart des entreprises se sont laissé gagner au cours des dernières décennies par la folie du reporting et du contrôle, il est intimement convaincu que le modèle qui fera basculer les entreprises dans un nouveau cycle de création de richesses doit être tout entier fondé sur la confiance. « Ceux qui resteront dans le contrôle ne passeront pas le cap car nous n'avons plus les moyens de nourrir ces structures de contrôle pléthoriques[1]. » Surtout, l'ex-P-DG ne croit pas un instant à la pertinence de l'approche « contrôle ». « On gagne toujours davantage d'argent en produisant plus qu'en dépensant moins. Pourtant, le contrôle se donne systématiquement pour mission de dépenser moins. Mais son coût est toujours largement supérieur à celui de la plupart des déviances qui pourraient se produire en son absence. Il en résulte que le contrôle empêche toujours de produire plus et fait dépenser plus ! » C'est pour cela qu'à la Favi, on ne se dit jamais qu'il faut baisser les coûts de 5 % mais on se

1. « La fonderie Favi, un leader mondial qui croit en l'homme », exposé de Jean-François Zobrist, École de Paris du management, séminaire « Économie et sens », 22 novembre 2012.

demande plutôt comment on pourrait faire pour produire 20 pièces de plus. Des pièces supplémentaires, des emplois créés, des salaires préservés... Voilà du concret qui parle bien davantage aux ouvriers qu'un pourcentage abstrait.

Chez Favi, il n'existe que très peu d'indicateurs. Deux pour être précis : le cash-flow et la marge par pièce. Celui-là, ce sont les ouvriers qui le calculent et ils ont pleinement conscience de ce qu'il signifie. « Notre rêve partagé, c'est de rester à Hallencourt, et ils savent tous que, pour cela, il faut faire 25 % de marge par pièce. » Et c'est ainsi que dans cette fonderie des confins de la Picardie, une aventure collective hors norme a fait de cette PME un leader mondial dans ses spécialités, un innovateur permanent et un modèle de rentabilité réalisée grâce aux hommes et non contre eux. « La performance vient de l'opérateur, pas de moi ! », aimait à dire Jean-François Zobrist lorsqu'il était encore aux commandes de l'usine picarde.

Sa méthode : faire confiance à ceux qui créent la richesse de l'entreprise. Et pour que la confiance fonctionne, il faut, croit-il, que les gens soient heureux, partagent un même rêve et des valeurs fondatrices. Alors, il supprime peu à peu tout ce qui entrave les ouvriers, tout ce qui fait que s'ils produisent, c'est malgré la structure et non pas grâce à elle. « À la Favi, la première valeur que j'ai imposée c'est : l'homme est bon. Donc aucun contrôle : le moindre papier, la plus petite procédure ou le premier individu qui parle de contrôle est instantanément mis à l'écart ! » La formule pourra paraître pour le moins angélique. Mais les résultats sont là. La responsabilisation et l'autonomie semblent faire des merveilles. Plus de contrôles, plus de pointeuses, plus de magasin fermé à clé, plus de petits chefs. Chacun se sert dans les magasins selon les besoins de la production. Pas de vol ? Difficile à dire puisqu'on ne contrôle pas.

En tout cas pas suffisamment pour revenir à un modèle de comptage, de norme et de suspicion vis-à-vis de celui qui demanderait une paire de gants plus souvent que les autres. L'essentiel est que les 1 800 pièces soient sorties à la fin de la journée de travail. « On arrive, on regarde le planning et on démarre la production[1] », précise Joanna Carpentier, opératrice.

Une philosophie du management qui a bouleversé toute l'organisation de la production. Jean-François Zobrist raconte ainsi son arrivée à la tête de l'entreprise.

« Un jour, je demande à Éliane, une ouvrière :

- Depuis combien de temps faites-vous cette pièce ?
- Depuis trois ans, me répond-elle.
- Donc, depuis tout ce temps, vous savez régler et contrôler ?
- Ben, oui...
- Et pourquoi ne le faites-vous pas ?
- Vous ne vous rendez pas compte ! Il y a le régleur, le contrôleur, le chef d'équipe, le chef d'atelier !
- Eh bien, à partir de maintenant, c'est vous qui réglez et qui contrôlez ! Immédiatement ! »

Aussitôt, le dirigeant décide de réorganiser le processus de production et propose aux régleurs et autres contrôleurs d'évoluer eux aussi vers d'autres fonctions. Et il raconte comment, après toutes ces modifications, en quelques jours, ses ouvriers ont fabriqué 20 % de pièces à l'heure en plus. « Tout d'abord, je ne comprends pas comment ils font pour obtenir ce gain de productivité, mais je constate qu'ils ont l'air heureux, que les femmes se maquillent mieux, que les hommes sont mieux habillés. Et je fais alors la

---

1. « Question de confiance », documentaire d'Henri Lapeyre, décembre 2011, www.vimeo.com.

correspondance entre bonheur et performance. » Il en est sûr : « Mes opérateurs sont 2 % à 3 % plus productifs que ceux de mes concurrents parce qu'ils sont plus heureux, parce qu'ils sont plus autonomes. » On leur fait confiance aussi pour participer et faire évoluer les process. « Seul un ouvrier est capable de dire : "Ce bouton-là, je le veux ici et pas ailleurs." Lui seul passe huit heures par jour sur sa machine. »

Dans ce contexte, les idées des opérateurs doivent être récompensées. À Hallencourt, on aiguillonne les imaginations en organisant différents trophées réservés aux seuls ouvriers, héros d'un système qui stimule et valorise leurs performances. Celui des « parrains productivité » récompense chaque mois d'une prime de 1 000 euros l'auteur d'une action d'amélioration dans ce domaine. À la veille des vacances d'été, les douze lauréats concourent à nouveau pour décrocher le trophée Kaisen, du nom de la méthode japonaise, récompensé par l'attribution d'une voiture. Cette fois, le jury est composé de professionnels de l'industrie extérieurs à l'entreprise. Chaque candidat propose une action qu'il présente au jury d'abord en salle puis sur son poste de travail. La remise du trophée se fait le jour du départ en vacances. Une manière formelle d'exprimer confiance et reconnaissance à ces ouvriers qui s'investissent dans le développement de l'entreprise. « Exprimer de la reconnaissance, c'est l'essentiel du message que véhicule un patron quand il fait son tour d'usine tous les jours », souligne Jean-François Zobrist.

La confiance s'exprime aussi à travers l'organisation. Il n'y a que deux niveaux hiérarchiques chez Favi au lieu des sept ou huit habituels. Il y a le directeur et les « leaders ». Des ex-opérateurs cooptés par leurs pairs et qui dirigent autant de mini-usines (des équipes de 25 à 50 opérateurs) dédiées chacune soit à un client, soit à une usine particulière du client, soit à un marché spécifique, soit à une spécialité comme une petite série nécessitant des outils particuliers. Chaque leader gère sa petite entreprise, c'est-à-dire l'ensemble de la chaîne depuis le choix des fournisseurs, la réception des machines, toute la transformation qui, chez Favi, est assez longue, jusqu'à la livraison au client. C'est au sein de cette unité très autonome que les régulations entre les acteurs se font. Si un ouvrier arrive en retard, ce sont ses collègues qui devront compenser son absence. Si l'un d'entre eux se comporte mal ou était vu en train de voler alors que la culture de la confiance oblige à s'en montrer digne, la désapprobation serait immédiate. Autrement dit, c'est une autre forme de contrôle qui s'exerce. Mais il se fait par la puissance des valeurs omniprésentes et auxquelles tous adhèrent sans faux-semblant et par la seule force du collectif. Nous verrons que dans d'autres secteurs d'activité, ce contrôle s'effectue par l'évaluation croisée des membres d'une même équipe.

La confiance à tous les étages plutôt que le reporting et les contrôles ? La plupart des dirigeants d'entreprise rêvent, disent-ils, d'avoir des collaborateurs capables de faire preuve de créativité et d'inventer des produits innovants à forte marge pour satisfaire leurs clients. En fait, ils les ont souvent sous la main, depuis le technicien auquel ils n'ont jamais adressé la parole, tout au plus serré la main au pot de Noël, jusqu'à la standardiste qui noue le premier contact avec le client. Il suffirait pour cela de les mettre en situation d'exprimer leurs capacités et de leur faire confiance. C'est la thèse défendue par Isaac Getz, professeur en psychologie et management à l'ESCP Europe Paris et Brian M. Carney : « La grave erreur intellectuelle des bureaucrates, partout dans le monde, est de s'imaginer que, parce qu'une chose s'appelle règle, elle est préférable à un arrangement moins formel. D'autant que la plupart de ces règles ne se bornent pas à saper le moral des salariés, elles empêchent la grande majorité d'entre eux de faire ce qui conviendrait[1]. »

Laissons la conclusion à Jean-François Zobrist : « Il n'y a pas de modèle de management et ce dont je vous parle ne prétend pas en être un. C'est juste le témoignage de quelque chose qui marche depuis trente ans. Le seul fil conducteur, c'est qu'il faut à tout prix que la confiance remplace le contrôle. Il faut revenir à celui qui fait la valeur ajoutée, qu'il soit ouvrier ou programmeur informatique. Il faut chercher la catégorie professionnelle qui, lorsqu'elle s'arrête, arrête la respiration de l'entreprise. Matsushita disait : "En Occident, vous allez perdre et nous, nous allons gagner parce que vous ne vous intéressez qu'aux mains de vos ouvriers alors que nous, nous nous adressons à leur cœur et à leur intelligence. »

1. Isaac Getz et Brian M. Carney, *Liberté & Compagnie*, Fayard, 2012.

4.

La tyrannie du reporting

Andrew est depuis quelques mois entré au comité exécutif d'un grand groupe bancaire. À quarante-cinq ans, il est le benjamin à avoir intégré le saint des saints et en nourrit une grande fierté. Responsable d'activités trading, il a accumulé des rémunérations substantielles qui le mettent à l'abri du besoin jusqu'à la fin de ses jours. Pourtant Andrew est sujet aux insomnies depuis trois jours. Il a appris que l'un de ses adjoints les plus proches, qui est patron du bureau de Genève, avait construit un montage qui lui permet de faire un trading de matières premières très rentable avec des pays classés sur la liste noire des autorités américaines. Il sait très bien ce que cela veut dire. Si la SEC, le gendarme de la Bourse américaine, s'empare du sujet, l'amende pour la banque pourrait s'élever à des centaines de millions de dollars, sans parler de sa réputation. Il s'en veut, il aurait dû contrôler davantage.

Compte tenu du modèle auquel il se soumet, le dirigeant se doit de tout contrôler. D'ailleurs, son conseil d'administration (composé en grande partie de ses pairs) se méfierait de lui s'il avait le moindre doute sur sa capacité à maîtriser tous les paramètres de son organisation. Or les organisations ont vocation à se développer. Elles grossissent, s'internationalisent avec une distance toujours plus grande entre la structure centrale et les entités périphériques qui sont les centres de profit.

L'expérience a montré au dirigeant qu'il ne fallait pas croire ce que disaient ses collaborateurs. Il pense que le mensonge est partout, souvent par omission. Les chiffres présentés sont arrangés pour masquer les mauvaises nouvelles. Chacun triche avec la réalité pour son bénéfice personnel. La seule réponse, c'est la qualité du contrôle mis en place. Il y veille personnellement. C'est une lutte permanente pour chercher à tout savoir quasiment en temps réel, avec la double illusion qu'il évitera ainsi toute dérive et qu'il sera en mesure de prendre les bonnes décisions (que lui seul peut prendre bien sûr).

Cette quête quasi compulsive de l'information passe par ce qu'on appelle désormais le reporting mais aussi par une organisation qui garantisse une circulation fluide de cette information. Nous verrons que de telles organisations présentent d'autres inconvénients. Elles apportent de la complexité, freinent les modes de décision en les centralisant et stérilisent les initiatives issues du terrain. Inconvénients mineurs sans doute dès lors qu'il s'agit de « soigner » l'anxiété du chef, un peu comme on ferait tomber la fièvre… De plus, le contrôle va de pair avec l'amaigrissement permanent de l'entreprise.

Comment tout savoir sur ce qui se passe en temps réel dès lors qu'il est impossible d'être chaque jour sur le terrain ? En organisant la remontée des données chiffrées qui vont constituer un « tableau de bord » de l'entreprise. Reste à savoir quels chiffres y inscrire. En premier lieu, le tableau de bord rend compte de l'état des finances, mais aussi bien sûr de l'évolution des ventes et de celle des coûts. Progressivement, il va intégrer le plus de chiffres possible. Car telle est la logique du système, sachant que chaque fonction aura à cœur de montrer qu'elle peut fournir à la hiérarchie les chiffres qui lui sont indispensables à la maîtrise de la stratégie. Participer au processus confère une forme de reconnaissance.

Reste encore à collecter les chiffres puis à les consolider. Outre la technostructure nécessaire, la responsabilité du reporting est souvent confiée au management de premier niveau. Et c'est ainsi que, peu à peu, ces tâches non productives, qui ne visent qu'à remplir la machine à reporting, vont prendre de plus en plus de place dans le management de proximité. Dans certaines entreprises, ces hommes et ces femmes vont parfois consacrer plus de la moitié de leur temps à remplir des tableaux Excel avec souvent les mêmes chiffres à entrer sous des formes différentes en fonction de telle ou telle demande de leurs interlocuteurs. Si tout le monde peut comprendre la nécessité d'avoir une visibilité sur l'évolution de l'entreprise, ce tropisme a pris des proportions excessives. Régulièrement, à l'occasion de la remise à plat des modes de fonctionnement, on s'aperçoit que l'on produit des tableaux qui n'intéressent personne !

Une étude européenne publiée par la Cegos[1] a fait couler beaucoup d'encre en soulignant que deux managers sur trois interrogés (65 % exactement) déclaraient consacrer plus de 30 % de leur temps aux tâches de reporting, au détriment de leur rôle essentiel de manager (écouter, motiver, accompagner, agir, décider...). Et 15 % d'entre eux y passent plus de 50 % de leur temps. Une entreprise de cinq mille personnes organisée en directions régionales s'est

1. « Les pratiques managériales en Europe. Vers la fin du métier de manager ? », enquête réalisée sur un échantillon de 1 496 managers au Royaume-Uni, en Allemagne, en Espagne et en France, octobre 2010.

aperçue qu'elle demandait deux cents reportings mensuels à ses régions.

Pour ceux qui sont chargés de remplir ces tableaux, l'impression qui domine est d'accomplir des tâches, sinon inutiles, du moins à faible valeur ajoutée. Ils ne produisent pas, ils ne managent pas, ils ne vendent pas, ils se contentent d'informer la ligne hiérarchique. Et à la moindre défaillance, il leur faut fournir une explication. Pourquoi telle entité a-t-elle vu ses ventes baisser de 5 % le mois dernier ? À force d'avoir à se justifier, certains avouent qu'ils ne cherchent plus la véritable explication mais celle qui conviendra à leur management. Cette surveillance permanente produit un effet déresponsabilisant. Implicitement, c'est comme s'il était plus important de décrire et de justifier que d'agir, d'alimenter la machine à surveiller plutôt que de prendre des initiatives.

Certes, plusieurs chiffres clés de l'entreprise sont des éléments fondamentaux qu'il s'agit de surveiller et que l'on ne saurait manager sans avoir l'œil dessus (le patron de Favi les a limités à deux et l'un d'entre eux est sous la maîtrise des opérateurs de terrain). Mais, in fine, les excès du reporting ne sont que le symptôme d'une absence de confiance. D'ailleurs les collaborateurs ne s'y trompent pas. Ils se savent transformés en simples exécutants : *Big Manager is Watching you*, soyez conformes à ce qu'on attend de vous et tout ira bien ! Comme le suggère l'enquête Cegos, réduire le management d'une entreprise à un compte rendu chiffré, si complet soit-il, exprime une conception dévoyée d'un métier essentiellement qualitatif.

L'organisation est l'autre grand moyen de maîtriser le système, de prendre le contrôle. D'ailleurs, la première chose qu'un dirigeant fait lorsqu'il arrive à la tête d'une entité c'est... de la changer. C'est devenu une source de plaisanterie entre collaborateurs qui expriment volontiers qu'un chef n'est vraiment arrivé que lorsque l'organisation a été profondément modifiée.

La maîtriser relève de plusieurs principes. D'abord, placer des personnes de confiance aux postes clés, mais aussi faire en sorte qu'aucune entité ne puisse fonctionner de façon autonome. Autrement dit, recréer en interne l'interdépendance qui existe à l'extérieur. C'est ainsi que toutes les grandes entreprises ont adopté des modèles matriciels. Merveilleuse invention qui fait que chaque salarié n'a plus un mais deux, trois ou quatre systèmes de référence.

La justification est le souci de décloisonnement, de fluidité de l'information, de mutualisation d'expertises de haut niveau. Ce type de fonctionnement favorise les connexions entre les individus. Ils se connaissent mieux, sont plus mobiles, plus ouverts à l'international. Il permet aussi de faire passer plus rapidement les messages et les changements à ceux qui sont concernés. Le chef n'est plus « propriétaire » de ses équipes. Ces avantages sont réels. Mais ils ne sont pas sans conséquences sur les équipes en complexifiant leur travail au quotidien.

Prenons l'exemple d'un employé de banque. Outre son directeur d'agence qui est son chef naturel, il sera en contact avec les responsables de la conformité, les ressources humaines, la direction informatique, les responsables du marketing et ceux de la finance. Chacune de ces entités répond à un « métier » coordonné au niveau international qui poursuit sa logique propre. Le marketing cherche à pousser les ventes, la conformité veille à ce que les règles soient respectées, les ressources humaines développent leur politique d'évaluation et de formation, l'informatique modifie les logiciels et édicte des règles de sécurité, la direction financière consolide les chiffres et impose des tableaux de reporting.

Chacun a sa logique et son utilité. Au-dessus du système, un patron opérationnel est censé garantir la cohérence de l'ensemble. En fait, dans les grands groupes, il ne peut pas être en permanence au courant de toutes les initiatives prises par tous les métiers. Or ceux-ci sont toujours plus ou moins en rivalité les uns par rapport aux autres. De la même façon que dans un gouvernement, les ministères sont au coude à coude pour faire passer leur réforme avant les autres, les métiers veulent tous faire passer leurs changements. C'est d'ailleurs l'une des façons de mesurer le poids respectif de chaque métier : le nombre d'initiatives qu'il a pu lancer et imposer à l'ensemble de la structure. Notons de plus que certains s'inscrivent dans une logique de court terme, tel le commercial, quand d'autres garantissent le moyen terme et les intérêts globaux de l'entreprise, comme la conformité ou les RH. C'est dire la complexité d'une telle organisation.

Notre employé de banque est inondé d'e-mails porteurs d'injonctions. Pas question pour lui de ne pas obéir, voire de s'opposer à l'une d'entre elles. Ce serait le meilleur moyen d'être immédiatement repéré et mal vu, voire renvoyé s'il s'obstinait. C'est donc bien à notre modeste employé de banque qu'il revient de gérer, tout au bout de la chaîne, les contradictions produites par le système. Et ce n'est pas tout. Chaque métier formule des demandes chronophages qui ne sont pas toujours prises en compte dans les objectifs qui ont été fixés en début d'année. Or ce sont ces objectifs qui mesurent sa performance. Ainsi, notre employé devra suivre tel ou tel programme de formation obligatoire mis en place récemment sur la conformité, remplir tel ou tel nouveau tableau de reporting, etc.

Il n'a pas vraiment le choix, puisque ces nouvelles tâches sont obligatoires, quitte à ce qu'elles empiètent sur son temps libre.

Depuis quinze ans que nous menons des études à l'Institut français d'action sur le stress (Ifas), l'une d'entre elles a exploré la corrélation entre le niveau de stress des collaborateurs et le nombre de « n + 1 » auxquels ils doivent rapporter. Le résultat est clair : la corrélation est quasiment linéaire, ce qui signifie que le stress augmente de façon proportionnelle au nombre de chefs que l'on a. Les organisations matricielles ont tendance à produire des injonctions contradictoires pour les collaborateurs qui doivent se débrouiller pour les gérer.

Une autre conséquence des injonctions contradictoires de ce système est de pousser un peu plus les salariés à se replier sur eux-mêmes. Comment participer à une aventure collective lorsqu'on est pris par les injonctions contradictoires, et que chacune des demandes qui vous est faite répond à la logique d'un métier plutôt qu'à celle de l'entreprise dans son ensemble ? Le sentiment d'absurdité généré par le système renforce alors l'individualisme.

Ainsi en grandissant, les entreprises structurent le modèle de la méfiance entre les acteurs. Mais pire encore, ce système complexe les fait, par définition, grossir. Et donc elles deviennent obsédées… par l'amaigrissement.

Cela devient le troisième élément du contrôle : l'allégement permanent des sites de production, des effectifs. Actuellement, l'obsession du gain de productivité prend la forme du *Lean Management* avant qu'une nouvelle mode ne vienne la remplacer. Rappelons que le terme anglais *Lean* justement signifie maigre, terme suffisamment évocateur pour faire comprendre à quoi ce type de projets conduit.

Comment réduire au maximum les ressources pour un résultat encore plus efficace ?

Ces projets qui visent à améliorer la productivité en identifiant et en supprimant les gaspillages peuvent naturellement déboucher sur de réelles améliorations. Il ne s'agit donc pas ici d'être caricatural. D'autant que, bien menés, ils s'appuient sur les suggestions des intéressés et peuvent leur offrir ainsi une vraie marge de manœuvre pour choisir sur quoi faire porter leurs efforts. Ils ont aussi pour objectif de mettre en place une démarche d'amélioration permanente qui s'appuie sur les acteurs. La démarche est alors positive et représente une nette amélioration par rapport aux opérations dites de « réingénierie » mises en place précédemment. Ces dernières étaient la plupart du temps entièrement pilotées par des consultants extérieurs qui décidaient des réductions d'effectifs et du redimensionnement des postes. Pour autant, si la démarche est plus participative, elle vise à nouveau à faire davantage avec moins.

Tout se passe comme si la contrainte se déplaçait progressivement de l'externe vers l'interne. La régulation s'opère d'elle-même. La productivité est devenue une sorte d'exigence morale. Une quête sans fin que les acteurs doivent eux-mêmes mener et qui est contrôlée par le système de reporting pour remonter finalement aux dirigeants.

Dans toute entreprise comme dans la tête de tout manager, la tension entre la nécessité de donner du poids à l'organisation et aux process, d'un côté, et de l'autre celle d'en donner aux individus et à leurs comportements existe naturellement. Mais la grande tendance de ces dernières décennies fut incontestablement de surpondérer la première dimension au détriment de la seconde. Plusieurs éléments y concourent. Pour rendre des comptes aux actionnaires, l'entreprise a besoin d'éléments chiffrés. Dès lors que l'on mesure quelque chose, une structure de contrôle qui demande des comptes se met en place. Ce type d'organisation rassure les dirigeants inquiets et soucieux d'avoir l'impression de tout maîtriser. Or plus ce type de système est instauré, plus les individus se sentent instrumentalisés et plus ils se replient sur eux-mêmes. Ils se contentent du minimum requis : « remplir les cases. » Cette attitude renforce les dirigeants dans l'idée qu'on ne peut pas leur faire confiance et qu'il faut les surveiller ! Fatal engrenage.

5.

Garantir le bien-être, Google

Une vache géante, une tour Eiffel, un baby-foot, des jeux vidéo, un mini-golf sur le toit, une salle de conférence « Brigitte Bardot », un billard et une 2 CV rouge dans l'entrée en guise de lieu de réunion à deux ou d'endroit pour téléphoner tranquille... Non, ceci n'est pas un inventaire à la Prévert mais quelques éléments du décor des bureaux de l'une des plus célèbres multinationales, installés dans un bel hôtel particulier rénové de la rue de Londres, à quelques encablures de la gare Saint-Lazare et à dix minutes à pied de la place de l'Opéra. Un lieu de travail que Martin, vingt-huit ans, découvre ce matin, émerveillé. Tout ici ressemble à un terrain de jeux. Tout aussi fait écho à cette culture geek dans laquelle il nage avec bonheur depuis l'enfance. Et le voilà membre de la communauté. Ses copains, il en est sûr, vont en mourir de jalousie !

Ici comme à Mountain View en Californie (le siège mondial), Zurich, Londres ou Tel-Aviv, le groupe a pris soin de définir un projet d'aménagement qui marie la tradition locale – avec de petits détails « so Frenchy » comme le vin et le fromage pendant les réunions informelles du vendredi – et son univers à la fois coloré et fun, censé prolonger l'esprit campus des débuts. On a reconnu celui de Google, qui a inventé un projet soigneusement pensé pour faire du bien-être au travail l'axe central de l'organisation, un élément moteur de la productivité, le fondement d'une culture d'entreprise très forte, susceptible de favoriser l'efficacité et d'éviter les multiples inconvénients d'un turn-over élevé. Si on se sent bien dans l'entreprise pour laquelle on travaille et qu'on s'identifie aux valeurs qu'elle véhicule, on n'envisagera pas de la quitter. Précurseur dans l'idée que travail et loisirs ne sont pas antinomiques, mais peuvent au contraire s'épouser harmonieusement, le top management de Google a su parier avant tout le monde sur l'efficacité de ces nouvelles relations de travail qui replacent le facteur humain au centre de tout et privilégient le principe de plaisir sur le principe de surveillance.

De toutes les entreprises issues du net, Google est la plus emblématique et celle dont la réussite est la plus éclatante. L'une des caractéristiques des empires comme Google est qu'ils se sont constitués avec des équipes de salariés souvent très jeunes, passionnés par l'aventure et dont les codes sont bien différents de ceux de leurs aînés. Leur manière d'investir leur travail, leur bureau, leur façon de se concentrer et de se détendre, leur goût de travailler à plusieurs : tout est différent. Le fonctionnement est entièrement basé sur ce profil particulier des googlers, de leur culture geek qui ne peut fonctionner sans les communautés. Les fondateurs le comprennent d'autant mieux qu'ils sont issus de la même génération. Dans ces entreprises, le bien-être au quotidien, autrement dit la qualité de vie au travail, constitue bien souvent la première condition de la motivation et de l'efficacité autant qu'un antidote au mal-être et au stress. Si Google en a fait une culture et une vitrine la tendance commence à toucher d'autres secteurs que l'internet.

Selon une étude de TNS Sofres pour Actineo (en 2011), 86 % des salariés estiment que l'espace de travail a un impact essentiel sur leur bien-être, 80 % sur leur efficacité et 72 % sur leur motivation. Les sondés mettent aussi l'accent sur l'importance, dans ces nouveaux lieux de vie, de l'échange et du partage d'informations. Toutes les entreprises qui se sont lancées dans ce genre de projet ont d'ailleurs bien compris que la plupart des échanges, qu'ils se passent à la cafétéria ou autour du baby-foot, portent sur le travail. Et contribuent donc, in fine, à l'efficacité globale. Or la qualité de la relation est au cœur du travail d'équipe. Les individus se connaissent, apprennent à s'apprécier et collaborent donc beaucoup plus facilement. D'ailleurs, pour être sûre qu'ils prennent suffisamment de temps pour se connaître et échanger entre eux, l'entreprise multiplie les moments de convivialité festifs.

La tendance a émergé d'abord dans les pays nordiques. En particulier dans les entreprises du secteur des nouvelles technologies de l'information (NTI) à la culture plus informelle et plus décontractée que les entreprises classiques tandis que l'esprit start-up constituait un terreau favorable à son développement. L'une des entreprises pionnières en la matière fut la filiale finlandaise de Digital Équipent. Pour elle, l'architecte finlandais Arto Kukkasniemi imagina un aménagement dans lequel la cuisine servait à la fois de cafétéria et de salle de réunion avec des « chambres privatives » pour s'isoler et un grand espace commun avec tables basses et canapés. Une mini-révolution à l'époque (c'était il y a plus de dix ans). Les grandes entreprises issues du web lui ont emboîté le pas. Stimulées par le développement des NTI et l'apparition de la génération Y[1] très friande d'aménagements cocooning.

1. Génération Y : génération de l'ère internet et du numérique.

Dans ces entreprises, dynamique collective oblige, plus personne ne dispose d'un bureau mais plutôt d'un espace dans l'agora commune. Pour autant, le brouhaha de la vie et de la création est fatigant, des salles de silence sont donc systématiquement aménagées où chacun peut aller se concentrer à l'abri de toute nuisance sonore. Mais il faut aussi pouvoir se détendre à tout moment, c'est pourquoi des espaces de jeux sont mis à la disposition de tous. Chez Google, où que ce soit dans le monde, tout employé peut compter sur son baby-foot, son billard ou sa Wii pour se détendre entre deux rushs. Et lorsqu'un coup de barre l'assaille, la salle de repos l'invite à reprendre des forces grâce à une bonne sieste réparatrice. Peu importe que les fauteuils et canapés prévus à cet effet soit Louis XV ou postmodernes, la relaxation est garantie. Détail qui a son importance, liquide et solide sont disponibles (et gratuits) à moins de trente mètres de chaque poste de travail ! Mieux. Google, par exemple, ne se contente pas de mettre en accès libre fruits frais, biscuits bio et autres boissons non alcoolisées, les employés disposent aussi, en interne, de salons de coiffure gratuits, d'une conciergerie et de mille autres attentions comme par exemple un casque de qualité pour travailler tout en écoutant leur musique préférée…

Ce mouvement est une véritable révolution, l'espace de travail devient d'abord un lieu de vie. Chacun doit s'y sentir bien, ne manquer de rien et avoir envie d'y venir chaque matin, aspirer à y rester le plus longtemps possible et être installé dans des conditions optimales. Autre caractéristique de ces bureaux d'un nouveau genre : tout est en libre-service et il appartient à chacun de s'organiser. Personne n'est surveillé par un chef qui s'étonnerait de ne pas voir celui-ci scotché à son poste de travail. La contrainte, qui ne porte pas sur la forme mais sur le résultat, est en quelque sorte intériorisée par le salarié. Il sait ce qu'il a à faire et l'exécute à son rythme, comme il en a envie. Tout est conçu pour que le boulot soit exécuté dans les meilleures conditions. Les salariés doivent se sentir dans l'entreprise comme chez eux, d'ailleurs la limite entre vie professionnelle et vie privée tend à s'atténuer. Il est parfaitement admis que des problèmes personnels se règlent sur le lieu de travail comme il est courant que les salariés travaillent chez eux au moment qui leur convient. La dimension ludique est très présente. Faire avancer les projets, résoudre les problèmes, trouver de nouvelles idées est une autre forme de jeu. À chacun d'y mettre le même enthousiasme et la même envie de gagner qu'il mettrait dans le jeu en ligne auquel il s'adonne pendant ses soirées. Autrement dit, le jeu professionnel a d'autres règles mais n'en est pas moins fun et exigeant.

Pour pousser encore plus loin l'appropriation de cet espace qu'est la vie professionnelle, Google prend soin d'intégrer la dimension culturelle. Si une 2 CV trône effectivement dans les locaux parisiens, ceux de Londres réinventent l'esprit des salons victoriens tandis qu'à Zurich on téléphone depuis d'anciennes cabines de téléphérique et l'on accède à la salle à manger par un toboggan. D'ailleurs, les salariés sont consultés tant sur l'esprit du décor que sur l'aménagement des espaces ludiques. L'entreprise mondiale, sûre d'elle, joue avec le local.

Chez Google, cette philosophie de la conquête du bien-être au travail par appropriation de l'espace devrait trouver son point d'orgue avec l'extension du Googleplex de Mountain View, le siège social californien du groupe, un campus de neuf bâtiments surmontés de toits verts avec cafés et panneaux solaires, reliés par des ponts où circuleront des vélos. Tout est pensé pour stimuler la créativité chère au senior vice-président du groupe, Laszlo Block, qui pilote les ressources humaines. Dans le Googleplex, aucun collaborateur ne sera jamais à plus de deux minutes et demie de marche d'un collègue, tandis que les fondateurs dont le moyen de transport favori est le skate-board, pourront glisser avec élégance et décontraction vers les « googleurs » : le mot préféré de Larry Page, cofondateur de la firme en 1998, n'est-il pas *velocity* (vélocité) ?

Le soin apporté à la culture du bien-être dans l'entreprise n'est pas l'apanage des nouveaux empires du numérique. L'exemple d'Evergreen, le nouveau siège du Crédit agricole, montre que les entreprises traditionnelles commencent à comprendre l'intérêt d'encourager les collaborateurs à investir leur lieu de travail. À Montrouge, le modèle de la tour où tout tombe d'en haut laisse place au campus où l'information circule en réseau. Fin 2014, il devrait rassembler quelque neuf mille personnes sur huit hectares.

La réflexion a démarré début 2009. Symbole fort : elle est alors confiée aux RH. Sur la base du volontariat, les salariés regroupés au sein de « groupes d'expression » débattent du travail en espaces ouverts et rédigent une « charte d'aménagement » avec les CHSCT[1]. Leur réflexion aboutit à la création de vingt espaces lounge, sorte de transition entre la maison et le travail, équipés d'un salon, d'une cuisine et d'un espace de jeux. Ils sont censés faciliter les échanges informels et la rencontre entre équipes. La banque a aussi voulu qu'à Montrouge les managers travaillent au milieu de leurs troupes. Des formations ont été organisées pour eux car certains sont déstabilisés… Au Crédit agricole comme dans de nombreuses entreprises

1. CHSCT : comité d'hygiène, de sécurité et des conditions de travail.

désormais, le statut social du bureau (moquette, fauteuil, etc.) a vécu.

À Evergreen, presque tout le monde s'assoit sur les mêmes sièges car la charte d'aménagement repose sur l'équité. Surprise des organisateurs sur le choix de la couleur de leur siège par les collaborateurs : 60 % ont choisi le rose fuchsia !

Quand il le souhaite, le salarié peut quitter son bureau, son ordinateur portable sous le bras et, grâce au wifi, aller travailler dans le jardin ou dans un des multiples lounges, tous décorés de manière différente.

Le nombre de places en espaces collectifs est particulièrement élevé : il est égal au nombre de postes de travail. Au milieu du campus, le forum abrite le restaurant de l'entreprise ainsi qu'une brasserie et un snack. Deux terrasses permettent d'y prendre le soleil au calme en profitant de la nature environnante. Prises électriques et connexions wifi à toutes les tables permettent à chacun de se connecter à internet si besoin. Un piano à queue est également accessible à tous ceux qui voudraient esquisser quelques notes. En dehors des heures de repas, le forum reste accessible et peut même se transformer à volonté en salle de réunion.

Afin de favoriser l'intégration de l'entreprise dans la ville, le service de conciergerie travaille en collaboration avec des commerçants locaux. Nettoyage des voitures, pressing et autres services courants sont proposés aux tarifs du marché. Un programme d'incitation à l'achat de vélos électriques a été mis en place. Pour achever de convaincre les salariés, des casiers et des douches sont mis à leur disposition. Enfin, le covoiturage est également favorisé avec l'organisation de « car-dating » dans le forum pour aider les collaborateurs à repérer les personnes habitant près de chez eux. Huit cents places de parking situées sous le forum à l'intérieur du campus permettent aux 33 % de ceux qui voyagent en voiture de se garer facilement.

Agnès Coulombe, directrice du projet Evergreen, le nouveau siège du Crédit agricole, a noté une baisse sensible de l'absentéisme de courte durée (– 20 %) un an après l'installation dans ces nouveaux locaux[1].

Les entreprises qui investissent massivement dans le confort de vie en font un argument de leur « marque employeur ». Google n'a pas de mal à attirer les meilleurs éléments. Pas moins de 3 000 CV affluent chaque jour aux RH de la société. Sur sa page de recrutement, l'entreprise californienne s'autoproclame *The Best Company to Work for*, ce qui n'est pas de la publicité mensongère puisque la firme de Mountain View figure régulièrement depuis 2007 dans le top 5 établi par le magazine *Fortune* qui désigne les entreprises où « il fait bon travailler ». Elle y occupe même la pole position dans le cru 2013. Attention pour autant à ne pas se laisser aller à un optimisme béat. Ces locaux de travail exceptionnels ne suffisent pas à garantir le bien-être. Les aspects relationnels, organisationnels et de mode de reconnaissance notamment entrent aussi en ligne de compte.

Cette culture de la détente et du bien-être au travail est symbolique d'une relation nouvelle avec son environnement. Celui-ci est vécu comme un terrain de jeux. L'enjeu n'est pas dans le gain de productivité mais dans le dynamisme créatif et les capacités d'innovation. Il ne s'agit donc pas d'ajouter de la pression à celle de l'environnement mais au contraire de l'atténuer au maximum. Non seulement le confort n'est pas considéré comme superfétatoire mais

1. « L'aménagement de bureau "comme à la maison" », *Le Nouvel Économiste*, 21 juin 2012.

il est vu comme une condition à la performance. L'entreprise montre qu'elle investit dans le mode de vie car elle a la conviction qu'il est indissociable de la façon de travailler. Ses salariés sont d'abord traités comme des hôtes auxquels le message « faites comme chez vous » s'applique de façon évidente. Cela crée un sentiment de réciprocité vis-à-vis de l'entreprise. D'abord la perception d'avoir la chance d'être dans un environnement que les autres n'ont pas. Ensuite, un sentiment d'appropriation qui passe par le lieu de travail. Ce lieu que les salariés ont décoré à leur goût et dans lequel ils ont choisi les activités de loisir devient le leur. Enfin, il y a une fierté à être membre d'une communauté où l'individu est reconnu comme essentiel. Dès lors, les devoirs vis-à-vis de l'entreprise apparaissent comme évidents. La vie professionnelle est intégrée à la vie des collaborateurs. Elle en devient une composante qui n'est ni un fardeau ni une simple nécessité d'avoir un salaire. Elle fait partie de leur épanouissement sans pour autant que l'entreprise renonce en quoi que ce soit à son niveau d'exigence. Car les collègues ne manqueraient pas de rappeler à l'ordre celui qui ne délivrerait pas sa part de travail.

La plupart des entreprises classiques sont volontiers dans l'injonction. Mais en créant des contraintes, en multipliant les sources de pression, ce n'est pas une perception de devoir mais une envie de se protéger qu'elles suscitent.

6.

Stresser et décevoir

François vient d'apprendre que sa mission en Allemagne est annulée. Depuis six mois, il travaillait d'arrache-pied sur le projet, un appel d'offre pour une nouvelle centrale nucléaire. Mais, quelques semaines après Fukushima, Berlin vient d'annoncer que le pays renonce définitivement à l'énergie nucléaire. À quarante-cinq ans, cet ingénieur, ancien technicien qui a décroché son diplôme grâce à la formation interne, vit cette décision comme une déception, et plus encore, comme un gros sujet d'inquiétude. Après toute une vie professionnelle dans le secteur, il vient de comprendre d'un seul coup que le marché se dérobe et que son avenir professionnel est des plus compromis. Une reconversion dans le démantèlement des centrales, le nouveau créneau porteur, lui semble à cet instant la seule issue. Et encore n'est-il pas certain que son savoir-faire et ses compétences seront suffisants. Le spectre du chômage le hante. Juste au moment où deux de ses trois enfants entament des études supérieures, François est tout à coup envahi par le désagréable sentiment de son impuissance face à ce coup du sort venu d'outre-Rhin. Comme une majorité de Français (tous les sondages en attestent), il se méfie de plus en plus de la mondialisation qui profite surtout, pense-t-il, aux pays émergents et est la première responsable, il en est persuadé, de la fermeture des usines et du chômage dans notre pays.

Cette sérénité, ce calme, ce bien-être, cette ambiance ludique et conviviale que quelque grandes multinationales ont su envisager, tout le monde y aspire ; alors pourquoi est-ce si rare ? Pourquoi les entreprises ont-elles tant de mal à envisager cette approche ?

D'abord parce que nombre d'entre elles n'arrivent pas à s'adapter à un environnement mondialisé synonyme de perte de contrôle et de perte de sens. Elles vivent le changement non pas comme le jeu de l'innovation mais comme une contrainte imposée qu'elles subissent faute de pouvoir s'y soustraire. Elles se comparent et se désolent. Leurs collaborateurs vont de déceptions en désillusions. Ils attendent beaucoup tout en se méfiant. Ils aimeraient grimper l'échelle mais plus pour les avantages que pour les responsabilités. On leur demande de changer, ce qu'ils perçoivent comme une déstabilisation.

Il est possible que l'idée d'une France maîtresse de son destin ait marqué notre inconscient collectif. Tout comme il est permis d'émettre une hypothèse : les Français ont toujours pensé que leur vocation était de faire don de leur modèle au monde (par exemple, l'Europe d'abord perçue comme la « France en grand » selon les mots du général de Gaulle). L'imaginaire collectif national s'accommode mal d'un renversement des rôles et ne se résigne pas à s'adapter au réel.

Car, pour les Français, la mondialisation est avant tout ressentie comme un abandon de souveraineté. Une punition qui leur est imposée, dont ils sont les victimes. On ne compte plus, depuis des années, les sondages et enquêtes exprimant ce malaise. Un malaise qui, loin de se dissiper, gagne du terrain à mesure que la crise économique et sociale s'installe durablement dans le pays. Ainsi, une étude parmi d'autres menée en 2012 par le CSA montre qu'en quelques années les Français ont changé d'avis.

En 2007, ils étaient encore 54 % à estimer que la mondialisation économique profitait « essentiellement aux pays développés comme les États-Unis ou la France, mais pas aux pays en voie de développement », tandis que 19 % la trouvaient profitable à tous les pays. Mais en 2012, la même batterie de questions donnait un tout autre résultat. Ils n'étaient plus que 16 % à penser que la mondialisation profite « aux pays anciennement développés comme la France ou les États-Unis » et 13 % qu'elle profite « à tout le monde ». En revanche, la majorité estimait que ce sont les pays comme la Chine, l'Inde ou le Brésil qui en tirent profit. En outre, la mondialisation était la première raison évoquée pour expliquer l'explosion du chômage (33 %)[1]. Pour l'auteur de l'étude, aucun doute : « Les Français anticipent de plus en plus le déclassement de la France dans le concert économique des nations, largement lié à une mondialisation économique avantageant, selon eux, les pays nouvellement développés ou en voie de développement. » Près d'un Français sur trois (29 %) vont même jusqu'à considérer que d'ici cinquante ans l'économie française sera à un niveau inférieur à celle de pays émergents comme le Mexique, la Thaïlande ou le Nigeria. Un déclassement annoncé qui va de pair avec un sentiment de perte de contrôle et de dévalorisation.

Or les notions de contrôle et de prévisibilité sont des facteurs cognitifs qui jouent un rôle très important dans la manière dont chacun vit et maîtrise le stress. La sensation de ne plus être maître de son destin joue en effet

1. « La peur de la mondialisation. D'un tabou à un quasi-consensus national », CSA, Note d'analyse du département opinion, 2 avril 2012.

un rôle essentiel dans la perception des événements. De nombreuses expériences ont montré, tant chez l'homme que chez l'animal, que s'il peut prévoir l'événement, celui-ci aura moins d'impact sur lui. Par ailleurs, le fait d'avoir des moyens d'action sur le facteur de stress en minore les effets négatifs. Il n'est d'ailleurs pas nécessaire que nous contrôlions réellement (ne serait-ce que partiellement) la situation, il suffit que nous en ayons l'illusion.

L'expérience fondatrice en la matière a été réalisée sur des rats par le psychologue américain Jay Weiss dans les années 1970. Dans cette expérience, deux rats dans leur cage reçoivent de petits chocs électriques. L'un des deux peut bloquer les chocs en actionnant une roue placée devant lui. Il apprend rapidement à le faire et lorsqu'il parvient à en bloquer un, il le neutralise aussi pour son voisin qui, lui, ne dispose d'aucun moyen de contrôle. À l'inverse, lorsqu'il laisse passer un choc, l'un et l'autre le reçoivent. Au final, les deux animaux reçoivent le même nombre de chocs électriques. Un seul élément les différencie : le premier exerce un contrôle sur la situation quand le second la subit, un peu à la manière du passager d'une automobile.

Dès lors, les effets seront sensiblement différents. Alors que le premier se trouve dans le même état qu'un rat témoin qui n'est soumis à aucun choc électrique, le second, qui subit la situation, présente des ulcérations gastriques ainsi que toute une série de manifestations comportementales qui évoquent l'anxiété et la dépression. L'expérience de Weiss révèle ainsi un élément très important : les conditions objectives ne permettent pas de rendre compte de la survenance des pathologies du stress. Le fait de pouvoir rester actif, de disposer d'une capacité de contrôle, même partielle, constitue un facteur majeur de préservation de la santé. En revanche, une amélioration partielle de la situation n'a pas toujours un effet bénéfique si le sujet a le sentiment de n'être pour rien dans cette amélioration. Ce n'est pas par hasard que les entreprises nouvelles ont fait de l'autonomie des salariés l'une des pierres angulaires de leur mode de management : c'est un remède très efficace contre le stress.

Le diagnostic est confirmé par les expériences réalisées sur... les êtres humains. Prenons, par exemple, celle qui soumet deux groupes de volontaires à de petites décharges électriques (désagréables mais pas douloureuses). Les participants de l'un des deux groupes disposent d'un bouton qui, s'ils l'actionnent, est censé atténuer les décharges. Les membres de ce groupe présentent significativement moins de symptômes de stress que ceux de l'autre groupe qui ne disposent d'aucun moyen d'action. Or le bouton est inactivé et les deux groupes reçoivent en réalité exactement la même impulsion électrique. C'est l'illusion de pouvoir faire quelque chose qui atténue le stress. A contrario, l'incapacité du salarié en difficulté à se sentir acteur représente une réelle menace pour sa santé. Or nous sommes désormais sans illusion sur l'évolution du monde : nous ne pouvons prévoir les événements et nous n'avons quasiment aucun impact sur eux. Ils font irruption dans notre vie quotidienne et viennent la perturber, et nous sommes contraints de nous y adapter. Les Français se sentent de plus en plus dans la peau du rat passif à côté d'un rat chinois, américain ou indien qui aurait toute latitude pour appuyer sur le bouton.

Non seulement les salariés ont désormais le sentiment de n'avoir aucune prise sur les événements, mais ils ont bien du mal à leur donner un sens. Comment l'homme de la rue pourrait-il aisément comprendre les faillites de l'Irlande ou de la Grèce ? Comment lui expliquer que cela aggrave le déficit de la France ou que les États ont perdu une grande partie de leur capacité d'emprunt lors de la crise de 2008 pour sauver du naufrage des banques privées qui portent leur part de responsabilité dans le déclenchement de la crise ? Comment donner du sens à l'opération de réduction d'effectifs d'une grande multinationale qui réalise des bénéfices confortables et veille jalousement sur un trésor de guerre de plusieurs dizaines de milliards de dollars ? Comment justifier la énième réorganisation alors que les effets des précédentes n'ont pas convaincu ? Comment expliquer au propriétaire américain que le logement qu'il a acheté en s'endettant a perdu 70 % de sa valeur en quelques semaines ? Jamais peut-être la phrase de Marx n'a trouvé autant d'écho qu'aujourd'hui : « Les hommes font leur propre Histoire mais ils ne savent pas l'Histoire qu'ils font. » Nous ne savons ni où nous allons ni pourquoi nous y allons…

Dans l'entreprise comme dans la vie citoyenne, le fossé se creuse de plus en plus entre ceux, très minoritaires, qui s'approprient la mondialisation, en profitent et s'y épanouissent tant sur le plan personnel que professionnel, et ceux qui la subissent et n'y voient que contraintes et absurdité.

Or l'impossibilité de donner un sens limite la capacité à rebondir. La résilience potentielle d'un individu est en effet largement conditionnée par sa faculté de donner un sens aux événements qu'il vit. Le contexte actuel, où l'exercice est presque impossible pour la majorité de la population, rend le rebond difficile. D'autant que, de l'ouvrier agricole au pilote de ligne en passant par le chef d'équipe sur la chaîne de montage automobile, toute performance est désormais évaluée à l'aune de ce qui se fait ailleurs, transformant le quotidien en une course sans fin.

Course qui semble perdue d'avance. Les médias, les leaders d'opinion nous le répètent en boucle : les autres vont plus vite que nous. Les économies des fameux BRIC[1] affichent des taux de croissance insolents alors que celles de nos pays font du surplace. Pas un observateur qui ne revienne de Chine sans célébrer l'exceptionnel dynamisme et le goût du travail dont font preuve les salariés de ce pays avant de jeter immédiatement un regard condescendant à ce qui se passe dans un Hexagone qui serait définitivement marginalisé. Comme si l'environnement économique d'un pays émergent et la motivation de peuples qui vivent depuis des décennies dans la misère pouvaient se comparer à ceux d'un pays qui a franchi ces étapes depuis longtemps. Le centre de gravité de l'économie monde a glissé vers l'Est et le Sud tandis que les grandes puissances économiques du XXe siècle voient leur influence diminuer. Mais le pire est encore bien plus près de nous. De l'autre côté du Rhin, en Allemagne. Là encore, le *benchmark* (la comparaison) n'est guère à l'avantage des Français ! Lorsque les dirigeants de VW décident de verser 7 200 euros à chaque salarié au titre de l'exercice 2012 en guise de récompense pour un bénéfice record de plus de 15 milliards d'euros, ceux de PSA Peugeot Citroën ou de Renault tirent le diable par la queue et demandent encore un effort à leurs salariés sous la forme d'accords de flexibilité (travailler plus… pour gagner moins). Ce discours sur le dynamisme du Sud et de l'Est a désormais la force de l'évidence tant il est répété. Plus inquiétant encore, il est tenu par les élites qui expriment ainsi, plus ou moins consciemment, la perte

1. BRIC : Brésil, Russie, Inde, Chine.

de foi en l'avenir de leur pays. Mais pour elles, rien de grave : elles appartiennent à cette frange mondialisée qui peut à tout moment s'expatrier et (re)faire sa vie ailleurs. C'est ainsi que les Français, réputés arrogants, sont aussi les spécialistes de l'autodépréciation.

L'estime de soi collective s'évapore peu à peu. Elle est pourtant un des éléments essentiels du mécanisme psychique qui permet de faire face à la nouveauté et de s'y adapter. Donc de résister au stress. Lorsque la confiance en soi se dérobe, tout devient inquiétant. La perception du danger augmente. On se replie, on évite, on se referme, on cherche à se protéger plutôt qu'à comprendre et avancer.

Perte de contrôle, perte de sens, découragement et baisse de l'estime de soi sont ainsi devenus chez nous les symptômes qui affectent notre relation au travail. Avec, au bout du compte, la montée d'une anxiété à laquelle chacun s'efforce de répondre à sa manière. Il y a les faux volontaristes qui se complaisent dans le déni de la réalité et se bercent d'illusions : la mondialisation n'est pas une fatalité et quelques bonnes mesures protectionnistes suffiront à résoudre le problème. D'autres préfèrent considérer qu'il revient aux dirigeants de les protéger en légiférant sur les contrats de travail ou les interdictions de licenciement. La plupart, devant cette réalité et cet avenir plus inquiétant encore, idéalisent le passé[1] et tentent de faire perdurer les anciens modèles le plus longtemps possible, voire jusqu'à la retraite.

Celle-ci, pour beaucoup, est ce qui permet de s'extirper de la mondialisation. Une sorte de retour dans le giron

1. Le succès de *Bienvenue chez les Ch'tis* n'est pas un hasard ; il présentait un modèle de relation au travail d'un autre siècle : le facteur sympathique qui boit des coups et ne termine pas sa tournée.

de l'État qui garantit les pensions, loin de cette loi de la jungle qu'on ne peut que subir. Ne nous y trompons pas, cette anxiété ne s'exprime pas seulement en bas de l'échelle hiérarchique. Elle touche aussi les cadres et même les dirigeants, sous la pression de leurs actionnaires. Des dirigeants que la financiarisation de l'économie a jetés dans la course à la rentabilité et dans l'obsession du rendement financier à court terme.

Le travail, une succession de déceptions

Chloé termine une fois de plus sa journée épuisée et en colère. Elle vient d'assister à une violente altercation entre son chef et sa collègue. Certes, celle-ci était en retard mais rien ne justifie de parler aux gens ainsi, devant tout le monde. D'autant que le centre d'appel était calme à cette heure. Ce métier de téléopérateur, elle le vit comme une humiliation, elle qui a bac + 5 et un diplôme de sociologie en poche. Après trois ans de galère, de stages non rémunérés en petits boulots, cela fait cinq mois qu'elle a trouvé cet emploi stable, mais à quel prix ? Répéter des scénarios tout faits et parfois inadaptés, être surveillée en permanence et reprise sur le ton de sa voix ou son amabilité, se sentir sans cesse comparée et mise en rivalité avec ses collègues pour savoir qui travaille le mieux ? Ce n'est pas exactement de cela qu'elle rêvait lorsqu'elle a commencé ses études. La vie au travail est encore pire que ce que lui avaient décrit ses profs de fac.

Le malaise des salariés trouve d'abord sa source dans le décalage qui existe entre les attentes liées au monde du travail et la réalité.

Le stress est un mot fourre-tout qui explique tout. Un paravent derrière lequel se dissimulent toutes les plaintes et bien des revendications. Une subjectivité qui d'ailleurs est source de malentendus. D'un côté, ceux qui considèrent qu'après tout il est bien normal d'être stressé au travail, en pensant *in petto* à ceux qui ne seraient pas assez stressés... De l'autre, la réalité quotidienne vécue par l'immense majorité des salariés : une multiplication de sources de tension qui oblige à changer en permanence. Nous ne développerons pas ici les bases scientifiques de ce concept[1]. En revanche, nous verrons que le système est construit pour que les individus se sentent débordés en permanence. Sans parler d'un phénomène qui aggrave encore la situation : le fonctionnement actuel des entreprises a tendance à monter les salariés les uns contre les autres dans un contexte où les différents niveaux hiérarchiques ne se font plus confiance.

Les Français entretiennent avec le travail une relation bien particulière. La comparaison de leurs aspirations et celles des autres salariés européens montre que nos compatriotes attendent beaucoup plus du travail que leurs voisins. Celui-ci représente pour eux une source d'épanouissement, d'intérêt et de développement là où d'autres espèrent avant tout un salaire[2]. Pour autant, et aussi paradoxal que cela puisse paraître, les Français dans leur majorité considèrent aussi que le travail doit prendre dans leur vie une part plutôt secondaire par rapport à celle réservée à la vie familiale et personnelle ou aux loisirs. Au risque de provoquer, il faut bien constater que les Français attendent plus que les autres de leur travail tout en étant moins disposés à lui consacrer du temps et de l'énergie ! Une ambivalence probablement au cœur de l'insatisfaction chronique qui existe dans notre pays.

---

1. Cf. Éric Albert, Laurence Saunder, *Stress.fr*, Eyrolles, 2010.
2. Lucie Davoine, Dominique Meda, « Les Français et le travail : une relation singulière », *Futuribles* n° 351, avril 2009.

Or le problème c'est que le monde du travail est idéalisé. Les études qui le précèdent sont bien souvent choisies en fonction de l'intérêt personnel plutôt que des débouchés professionnels. En France, cette déconnexion condamne de nombreux jeunes à accepter un job sous-payé ou sous-qualifié par rapport à leur formation. Comme si la fac représentait un monde à part qui permettait de continuer à rêver avant d'affronter la « vraie » vie, souvent considérée comme nécessairement pénible et décevante. Il est d'ailleurs édifiant d'observer la manière dont les professeurs de l'enseignement supérieur parlent des entreprises, et parfois jusque dans les écoles de commerce ! Certains vont jusqu'à suggérer un enfer dans lequel nul ne pourrait avoir envie d'aller. Enfer auquel (accessoirement) ils n'ont jamais été eux-mêmes confrontés. Dès lors, rien de surprenant à ce que les jeunes plébiscitent les causes humanitaires, l'économie sociale ou le développement durable. Autant d'activités qui sont en grande partie coupées du monde marchand.

Plus les attentes sont fortes, plus la désillusion est cruelle au moment de l'insertion professionnelle. Nous sommes ainsi le pays le plus anticapitaliste au monde[1] : en France, un tiers seulement des sondés considère que le pays est bien placé dans la compétition mondiale (alors que 77 % des Allemands sont optimistes à ce sujet). Bien qu'immergé dans l'économie de marché et ses règles, le salarié français a tendance à trouver choquante la perspective de voir les actionnaires encaisser des dividendes. D'ailleurs, les médias ne manquent pas d'afficher le montant des profits des grandes entreprises et la part qui leur est distribuée.

1. Sondage BBC world service novembre 2009, *La Tribune*, 21 janvier 2011 .

Chiffres jetés en pâture à l'indignation collective, comme si cet argent avait été gagné de façon malhonnête.

En fait, notre relation au travail est affective, excessive et paradoxale. D'un côté, ceux qui surinvestissent leur travail prennent le risque de l'épuisement et d'une forte déception de ne pas être suffisamment payés de retour pour leur implication. De l'autre, le rejet, tout aussi passionnel, de ceux qui ne voient dans le travail qu'asservissement, source de contraintes et de souffrances.

Dans un tel contexte, aborder le travail en refusant ses finalités (par exemple, faire des bénéfices) et ses règles du jeu (la compétitivité et la recherche d'amélioration permanente) place d'emblée les salariés en porte-à-faux. Cette posture constitue un terreau fertile pour le stress et la frustration.

Où sont les postes ?

Quelle est la prochaine étape ? Les modalités des carrières en France au moins incarnent un paradoxe de plus. Alors que depuis des décennies l'entreprise valorise la promotion verticale, elle aimerait aujourd'hui encourager l'évolution horizontale. Mais il y a un problème de crédibilité. Comme ceux qui suggèrent cette évolution sont les bénéficiaires de la promotion verticale, ils ont du mal à convaincre. Alors que les salariés souhaiteraient des promotions, voire des augmentations – les entreprises préfèrent parler formation ou spécialisation. On propose au salarié d'acquérir une nouvelle compétence là où il désirait de nouvelles responsabilités. La question taraude la plupart des salariés qui attendent de progresser et plus encore peut-être ce qu'on appelle la génération Y, née à la fin des années 1970, réputée pour son impatience. L'entreprise a davantage besoin de polyvalence et de parcours qui favorisent les passerelles. Autrement dit, on demandera plutôt au collaborateur performant d'acquérir d'autres compétences dans un nouveau domaine, quand il préférerait tirer profit de ce qu'il maîtrise en devenant manager de ses collègues. Un type d'évolution susceptible de donner l'impression que l'on ne valorise pas (ou que l'on valorise mal) l'acquis. Dès lors, ce qui est proposé peut être perçu comme une remise en cause alors que ce qui est attendu est une reconnaissance.

Là encore, le décalage entre les attentes d'un côté et la réalité de l'autre est de nature à alimenter le stress de bien des collaborateurs. Beaucoup rêvent encore de carrières comme celles que l'on a pu voir durant les Trente Glorieuses : même peu diplômés, les salariés pouvaient progresser dans l'échelle hiérarchique et devenir, pour certains, dirigeants. Ce type de carrière linéaire, s'il n'a pas disparu, est devenu l'exception. Il y a quarante ans, sept bacheliers sur dix étaient quasiment assurés de devenir cadres. Ils sont moins d'un sur quatre aujourd'hui.

Il existe en outre un malentendu sur la fonction managériale. Beaucoup la convoitent davantage pour le statut qu'elle confère que pour les fonctions qu'elle implique. Être chef reste prestigieux… au moins sur la carte de visite. Mais les responsabilités que cela implique vis-à-vis des collaborateurs enthousiasment de plus en plus rarement. Les écouter, les comprendre, s'adapter à leurs profils et à leurs compétences, les faire évoluer, tout ce temps consacré à autrui fait souvent figure de contrainte. Néanmoins, être manager sans s'intéresser et se consacrer aux autres, c'est à coup sûr ne pas remplir son rôle. À leur décharge, il faut bien reconnaître que le management des hommes est devenu de plus en plus compliqué car les attentes des salariés sont considérables et multiples. Reste que pour progresser dans l'entreprise, la case management demeure quasiment incontournable. Rares sont en effet les entreprises qui réservent de belles carrières aux experts et leur permettent de progresser tant sur le plan de la rémunération que sur celui de leur rôle dans le système.

La remise en cause permanente

C'est depuis peu que l'adaptabilité est devenue l'élément déterminant de la compétitivité d'une entreprise. Pendant longtemps, seul le gain de productivité était au premier plan. S'il reste déterminant, il est désormais insuffisant. Mais le monde évolue si vite, les crises succèdent aux crises avec une telle fréquence que la capacité d'adaptation est devenue décisive. Il s'agit au pire de suivre, au mieux d'anticiper. N'importe quel concurrent est susceptible à n'importe quel instant de bousculer la hiérarchie. Qui se souvient d'AOL qui était l'un des leaders d'internet au début des années 2000 ?

À tout moment peut survenir une innovation de rupture. Ainsi, de grands fabricants de mobiles (Nokia, Motorola, Ericsson ...) ne se sont pas remis de l'irruption de l'iPhone dans le paysage. Il n'a fallu que quelques mois à BlackBerry pour passer de la success story à la chute vertigineuse. Mais les changements peuvent aussi provenir de l'évolution des besoins et des modes de consommation. Des marques comme Zara ont bâti leur succès sur la rapidité de rotation des collections, surfant sur la propension à l'achat impulsif, alors que d'autres enseignes restaient sur un rythme de deux collections annuelles. Ou encore, la déstabilisation peut venir, plus tragiquement, du suicide d'un collaborateur ou d'un accident. Autant d'événements de nature à remettre en cause la stratégie, les pratiques managériales, ou encore l'organisation. Lorsque le groupe Hewlett-Packard annonça du jour au lendemain qu'il cessait de fabriquer des PC, nul ne sembla surpris que, quelques mois plus tard, il revienne sur sa décision. S'adapter ou disparaître est le seul dilemme.

Ce qui est malheureusement sous-estimé, en revanche, ce sont les répercussions sur les individus. Pour eux, s'adapter c'est changer de mode de fonctionnement, d'environnement de travail, d'objectifs voire de métier tout simplement. En quelques mois, une entreprise peut passer d'une organisation très hiérarchisée où les décisions descendent d'en haut, à une organisation où l'on invite brutalement le « terrain » à les assumer. Habitués à demander l'autorisation pour tout et rien, les managers opérationnels doivent tout à coup prendre des décisions, c'est-à-dire des risques. Nombre de dirigeants s'étonnent que pour beaucoup la transition ne coule pas de source. Oser, s'exposer au risque de se tromper, assumer ses choix, tout cela suppose un changement de comportement qui ne peut se faire en quelques semaines. C'est un apprentissage qui passe par des étapes car les comportements sont toujours ce qu'il y a de plus difficile à faire évoluer. C'est aussi le domaine dans lequel les collaborateurs sont le moins épaulés. Comme si le sujet était méconnu des dirigeants. Quoique. Ils ont pour eux-mêmes de plus en plus recours au coaching pour réussir à évoluer. Pour le collaborateur de base, le changement fréquent, l'évolution de sa façon de travailler, bref la nécessité de s'adapter en permanence est évidemment la première source de stress.

Autonomie, contrôle, estime de soi, aventure collective, sens, font partie des recettes qui permettent aux nouvelles entreprises de construire un environnement de travail où le stress est un stimulant positif qui permet de se dépasser. Comme le joueur en ligne se met sous pression pour concentrer son attention et se donner toutes les chances de gagner, le stress dans les nouvelles entreprises est vécu sur un mode positif. Pour les anciennes, il n'est que source de mal-être et facteur de risque, autant dire de quoi nuire à l'efficacité de l'organisation.

7.

Réussir ensemble, Gore-Tex

Dave est préoccupé par un petit souci d'ordre personnel. Alors que la saison des virées en montagne commence, cet ouvrier d'une usine d'implants cardiaques à Flagstaff, Arizona, n'est pas du tout satisfait des performances de son vélo de randonnée quand une idée lui traverse l'esprit : pourquoi ne pas recouvrir les câbles du VTT d'une bonne couche de PTFE, le polytétrafluoroéthylène expansé qui fait la réputation de l'entreprise pour laquelle il travaille, dans l'espoir que l'opération fluidifiera les changements de vitesse ? La tentative est un succès même si l'entreprise n'arrivera pas à le transformer en succès commercial. Mais son idée va faire des petits. Elle débouchera quelques années plus tard sur la création d'une nouvelle ligne de produits : les cordes de guitare ! Et pourtant. L'aventure d'Elixir, la marque de cordes préférée d'Eric Clapton et de Carlos Santana (entre autres), restera dans l'histoire industrielle comme le symbole de ce qui a fait de la société une des firmes américaines les plus innovantes des cinquante dernières années.

Chez Gore, non seulement chaque salarié (on dit « associé » dans le jargon local) est encouragé à faire fonctionner ses cellules grises pour, sur le tas, imaginer l'innovation qui fera la différence, mais il est aussi invité à consacrer 10 % de son temps de travail à ses propres projets de développement. Cette ambiance de travail, cette émulation, c'est d'ailleurs ce qui plaît à Dave dans cette entreprise où il se sent chez lui depuis quinze ans. Et lorsque stimulé par le résultat obtenu sur son vélo, il a l'idée d'utiliser le même procédé sur des cordes de guitare afin d'éviter que le son ne soit modifié par la transpiration des doigts, c'est tout naturellement qu'il cherche parmi ses collègues le joueur de guitare susceptible de se lancer dans l'aventure avec lui. Le tandem n'a plus qu'à entraîner à sa suite une demi-douzaine de collègues qui, parallèlement à leur tâche quotidienne, vont travailler pendant trois ans sur le projet. Trois ans sans demander de permission à personne. Trois ans sans avoir qui que ce soit sur le dos… L'innovation ne s'est d'ailleurs pas limitée à l'élaboration de nouvelles cordes, il a fallu trouver un moyen de pénétrer un marché totalement nouveau pour l'entreprise. L'idée a été d'insérer un jeu de cordes gratuites dans un magazine de guitares pour les faire tester à un grand nombre de joueurs. Aujourd'hui, la qualité des cordes Elixir, dont la durée de vie excède de trois à cinq fois celle des autres produits, est plébiscitée par les plus grands et détient une part de marché importante.

Même si elle appartient désormais à la mythologie de la société, cette histoire n'est pas un événement isolé, encore moins une divine surprise pour cette entreprise. Aujourd'hui, le catalogue maison compte un bon millier de références, et de nombreux produits ont ainsi vu le jour dans des circonstances plus ou moins fortuites, à l'issue d'un processus collectif d'innovation. Du fameux Gore-Tex qui équipe les astronautes, les militaires et les randonneurs, que l'on retrouve aussi bien dans les chaussures Salomon, les baskets Adidas ou les manteaux Hugo Boss, jusqu'aux applications médicales comme les vaisseaux sanguins synthétiques sans oublier une large gamme de produits industriels et électroniques, tel par exemple le matériau qui équipe le toit rétractable de Wimbledon.

Chaque fois, ce qui a rendu une nouvelle aventure possible, c'est la culture et le style de management de l'entreprise. Le fait que l'on a constitué, sur mesure, une mini-équipe de collaborateurs plus motivés les uns que les autres, tous tendus vers le même objectif : inscrire une nouvelle référence au catalogue de l'entreprise. Chez Gore, on ne gagne pas contre mais avec les autres. On réussit ensemble. Toute l'organisation est conçue en fonction de cet objectif. C'est bien pour cette raison que Gary Hamel, expert en management, cofondateur et professeur à la London Business School, et auteur d'un des grands ouvrages de référence des dernières décennies, *The Future of Management* (*La Fin du management, inventer les règles de demain*, Vuibert, 2008), a fait depuis longtemps de W.L. Gore un de ses *business cases* fétiches.

Tout est parti d'un chimiste chez Du Pont de Nemours, Wilbert (Bill) L. Gore. Il y faisait une brillante carrière. Mais avec une ombre au tableau : la firme de Wilmington (Delaware) n'est pas assez entreprenante à son goût. Elle refuse notamment son idée d'utiliser le polytétrafluoroéthylène, produit phare du chimiste connu sous la marque Téflon dans les vêtements. Bref, il s'ennuie. En 1958, il a quarante-cinq ans lorsqu'il se décide à quitter la multinationale, une licence sous le bras, afin de se lancer. Très vite, avec son épouse, il va mobiliser ses économies et celles de leurs amis du club de bridge et démarrer sa start-up dans le sous-sol de leur maison, conformément à la légende du capitalisme à l'américaine...

Bill a sur l'entreprise et sur le management quelques idées bien précises qui ne sont pas celles de la grande majorité de ses pairs à l'époque. La conviction que chacun est capable de faire ce qui est bon pour l'entreprise fonde les principes qui vont servir de référence aux « associés » dans leurs relations mutuelles ou lorsqu'ils ont une décision à prendre. Chez W. L. Gore, on privilégie les valeurs de liberté, d'équité, d'engagement et on y rajoute un garde-fou baptisé en interne « ligne de flottaison ». Cette notion de « ligne de flottaison » est la contrepartie de la liberté laissée aux collaborateurs. Chacun étant libre de prendre des décisions, il doit en permanence s'assurer qu'il ne met pas en péril la compagnie ou sa réputation en vérifiant systématiquement que tout ce qui est décidé ou proposé est de nature à rester « au-dessus de la ligne ». Et pour ne pas déroger à la culture maison, c'est par l'échange avec les autres que s'évalue cette dimension chaque fois que nécessaire. À travers le partage, la discussion à plusieurs, les risques doivent être maîtrisés.

Ce patron veut défendre des valeurs. De plus, il ne conçoit l'aventure entrepreneuriale que comme une aventure humaine fondée sur l'expérimentation et l'innovation managériales, quitte à mettre en place une organisation tout à fait singulière pour l'époque. Gary Hamel aime rappeler combien Bill Gore a été influencé de ce point de vue par la pensée de Douglas McGregor, un professeur de management au Massachusetts Institute of Technology (MIT), développée dès 1960 dans *The Human Side of Enterprise* (*La Dimension humaine de l'entreprise*, Gauthier-Villars Éditeur) un ouvrage devenu un des grands classiques du management. Dans cet ouvrage, McGregor oppose deux théories, la théorie X et la théorie Y, fondées sur deux systèmes de valeurs bien distincts. La première (théorie X) fait référence à l'organisation pyramidale, au « management scientifique » à la Taylor et à son management des hommes fondé sur l'autorité et le contrôle. La seconde (théorie Y), inspirée des théories du psychologue Abraham Maslow, est tout entière nourrie par des valeurs participatives et collaboratrices. Il est frappant de constater que depuis plus de cinquante ans, cette dialectique reste la même. Bill Gore est d'autant plus séduit par le « côté humain » de cette seconde approche qu'elle rejoint son expérience chez Du Pont. Ainsi avait-il mille fois noté que la communication passait vraiment entre les hommes lors des épisodes de covoiturage quand chacun se sentait libre de parler sans un chef dans les parages… (il utilisera souvent la fameuse « théorie du covoiturage »). Tout comme il avait souvent observé que les innovations de rupture surgissaient toujours lorsqu'on avait laissé la bride sur le cou à une petite équipe pour résoudre un problème…

C'est la raison pour laquelle Bill Gore organise d'emblée son entreprise autour d'une structure horizontale avec une hiérarchie a minima, aucun titre ronflant mais des équipes-projets autodirigées dont les initiatives ne tarderont pas à faire le succès du groupe. Les « associés » qui, tous, possèdent une part du capital, travaillent en parallèle sur deux ou trois projets qu'ils choisissent eux-mêmes. Aucune unité n'excède deux cents personnes afin de conserver des structures à taille humaine. Les employés ont en effet constaté que le modèle ne fonctionne plus lorsqu'on regroupe plus de deux cents salariés sur un même site. Pour s'acclimater à la culture maison, les nouvelles recrues se voient attribuer un *starting sponsor* (souvent leur prédécesseur au poste qu'elles occupent) qui les familiariseront pendant un an à cette culture si spécifique. Ce tuteur aide le nouveau venu à constituer son réseau, un aspect très important du travail aux yeux du fondateur.

Chaque année, le salarié est évalué par les membres de l'équipe (en général, une vingtaine) au cours de la session consacrée au chapitre « contribution & compensation ». Chacun attribue un rang à ses collègues en fonction de leur contribution au succès du projet du moment. Ces évaluations sont ensuite traitées par un groupe de leaders qui classent les effectifs en quatre catégories afin de déterminer leur niveau de rémunération. De ce classement dépendent les augmentations.

La formule s'applique du bas en haut de la hiérarchie et jusqu'à la dirigeante Terri Kelly. Désignée en 2005 par une centaine de leaders mondiaux, celle-ci est en effet soumise au même traitement que tous les autres leaders de l'entreprise (c'est ainsi que l'on nomme les managers chez Gore) qui émergent parce qu'ils sont reconnus par leurs pairs pour leurs compétences et leurs qualités humaines. Ils sont d'ailleurs élus par les salariés ou au moins une partie d'entre eux. Entrée dans l'entreprise vingt-deux ans plus tôt avec un diplôme d'ingénierie mécanique en poche, Terri Kelly a eu le loisir d'y exprimer ses talents. Les leaders doivent susciter l'envie des *followers* qui vont contribuer à leur projet, s'assurer que celui-ci avance bien et que tous les points de vue sont pris en compte.

Dans cette entreprise qui se veut différente – et qui l'est –, l'initiative est donc systématiquement encouragée à tous les niveaux et chacun peut soumettre des idées au groupe. Il est incité à les approfondir et, si le projet est prometteur, à constituer une petite équipe de campagne et à le tester aussi longtemps que nécessaire. Une stratégie rendue possible notamment par la décision de ne pas coter l'entreprise en Bourse afin de ne pas subir la pression des marchés financiers, de pouvoir préserver une marge de manœuvre et de jouer le long terme. Elle est aujourd'hui encore détenue par des membres de la famille Gore et des associés. Réussir ensemble... dans la durée. C'est ainsi que Bob Gore, le fils de Bill et de Geneviève, développe en 1969 ce nouveau polymère à base de PTFE qui laisse s'échapper la transpiration mais empêche le passage des gouttes d'eau. L'innovation a ouvert la voie à de multiples applications aussi bien dans le secteur médical que dans le secteur textile ou industriel et bâti la renommée de la marque Gore-Tex. C'est dans les années 1990 que Gore est devenu, fortuitement, l'un des premiers acteurs mondiaux de fabrication de cordes de guitare. Entre autres. Aujourd'hui, Gore est à la tête d'un portefeuille de plus de deux mille brevets internationaux dans un large éventail de domaines, notamment l'électronique, les appareils médicaux et le traitement des polymères.

Ce qui est exceptionnel dans le cas de cette entreprise, c'est le fait que le groupe ait su adapter au fil des années son modèle de management en fonction des nombreux changements imposés de l'extérieur (mondialisation, irruption des nouvelles technologies, crises économiques...) et rester créatif dans la durée. Sur ce point, tous les experts en management qui se sont penchés sur son cas sont unanimes ; il doit en grande partie cette longévité dans la performance à la qualité de son modèle de management des hommes : le moins possible de bureaucratie et de contrôle ... là aussi ! Désormais présente dans le médical, l'industrie et l'électronique, la firme compte aujourd'hui quelque dix mille collaborateurs et réalise un chiffre d'affaires de plus de 3 milliards d'euros.

Les convictions fondatrices de Bill Gore sont étonnamment proches de celles de Tony Hsieh ou de Jean-François Zobrist. Il en découle une simplicité du management dont la ligne directrice est la confiance. L'expérience Gore développe la dimension collective notamment en limitant la taille des bureaux et surtout en instaurant la méthode dite « cross évaluation » entre les membres d'une même équipe. C'est aux autres plus qu'à son leader que chacun doit montrer son niveau de contribution. La conséquence est simple : impossible de faire cavalier seul et impossible de chercher à en faire moins que les autres. Le regard de l'équipe est omniprésent et la collaboration est le seul mode de travail possible. L'individu n'a plus de pression sur sa performance personnelle comparée à celle des autres mais sur sa contribution à l'équipe perçue par ses pairs. C'est un passage de la pression verticale à la pression horizontale, système qui rappelle aussi celui de Google, par exemple.

Plus proche de nous, on peut citer l'entreprise Lippi, une PME bien française. Située en Charente, elle fabrique des clôtures et du grillage. L'entreprise a révolutionné son mode de management en instaurant des principes identiques. Un seul niveau de management, grande autonomie laissée aux collaborateurs. « Nous avons un principe : je vois, je fais. Si un salarié voit quelque chose qu'il peut changer en bien, il n'a pas besoin de demander l'aval de sa hiérarchie[1] », dit Julien Lippi le DG et petit-fils du fondateur. Les collaborateurs communiquent entre eux par twitter, élaborent des propositions sur tous les sujets sans tabou. La multiplicité de ce type d'expériences montre que ce n'est lié ni à un secteur, ni à une culture ou un territoire. C'est avant tout dans la tête du dirigeant que cela se déclenche.

1. L'entreprise.com, 28 février 2013.

Cette dynamique collective, les entreprises classiques en ont bien besoin. Les dirigeants ne manquent jamais dans leur discours d'insister sur l'importance du sujet ! Nous allons voir pourquoi elles n'y arrivent pourtant pas vraiment, surtout en France.

8.

Évaluer et classer

Pierre-François est désabusé. La fin d'année arrive et il sait qu'à nouveau on lui expliquera que ses performances de l'année ne lui donnent pas la possibilité de bénéficier d'un bonus. Pourtant son job d'analyste dans une grande banque, il l'exerce depuis cinq ans et il a bien progressé dans ce métier qu'il pensait aimer jusqu'à présent. Toujours de bonne volonté, il est prêt à aider ses collègues et ne manque pas d'initiative. Mais il sait qu'on va lui reprocher son mode de rédaction qui n'est pas synthétique et qui ne correspond pas à la norme attendue. Ce n'est pas faute d'essayer or cela ne convient jamais. « Si on a fixé des normes, c'est pour qu'elles soient respectées », lui répète Muriel, sa chef.

Qui ne connaît pas les KPI ne travaille pas dans une grande entreprise internationale ! Les *Key Performance Indicators* constituent l'un des moyens de mesurer les objectifs assignés aux salariés. Ils sont souvent mis en place à l'occasion d'une mission menée par un grand cabinet conseil. Chaque collaborateur dispose ainsi d'instruments de mesure pour tout ce qu'il fait. Ces indicateurs, suivis attentivement par son manager, sont le reflet de sa performance. Une part variable de sa rémunération en dépend généralement. Le « progrès » est limpide : désormais, sa vie dans l'entreprise et son avancement éventuel ne sont plus soumis à la subjectivité du chef puisque les chiffres parlent d'eux-mêmes. Un progrès ?

Les KPI introduisent des normes là où les uns et les autres avaient hier des points de vue. Ils permettent de produire des statistiques, des moyennes et toutes sortes de diagrammes et autres courbes censés rendre compte objectivement des performances individuelles. Ils standardisent l'activité. Celle-ci est morcelée en unités mesurables identiques d'un salarié à un autre. Directement issus des modèles tayloriens, ces indicateurs paraissent à première vue tout à fait adaptés aux tâches répétitives et d'exécution. Une idée reçue discutable à y regarder de plus près.

En effet, cette démarche formate le travail et pousse à se conformer plutôt qu'à réfléchir. En uniformisant tout, elle fait perdre toute capacité à prendre en compte la spécificité de la situation. Et en lui associant la rémunération, on en fait un système. Il ne s'agit plus de tergiverser mais d'appliquer la norme. Les collaborateurs deviennent de simples exécutants. Existe-t-il un seul poste dans l'entreprise où celle-ci n'aurait rien à gagner à prendre en compte l'intelligence du salarié ? En existe-t-il un seul où les objectifs de début d'année ne sont pas revus à l'usage, quitte à modifier la belle mécanique de départ ? Et plus encore, quels sont les salariés dont on peut mettre le travail en équation sans tenir compte un instant de la façon de faire ? L'ouverture d'esprit, la bonne volonté, la contribution au bon fonctionnement de l'équipe, combien tout cela pèse-t-il face aux objectifs chiffrés ? Si tous s'accordent à reconnaître combien ces éléments sont importants, il est bien rare que l'on se donne les moyens de les prendre en compte. Lorsque tel est le cas, la manœuvre est si maladroite qu'elle prête le flanc aux critiques. Favoritisme, népotisme et rumeurs reviennent au galop.

La logique est claire. Chacun doit se centrer sur sa propre tâche pour atteindre la productivité requise selon des normes préétablies. Les salariés sont comparés les uns aux autres. L'intérêt de chacun est donc d'obtenir de meilleurs résultats que ses collègues. Celui qui est trop performant devient vite menaçant pour les autres. C'est « l'effet stagiaires » (ou étudiants) recrutés durant l'été pour des tâches simples. Ils arrivent pleins de bonne volonté, apprennent rapidement et mettent du cœur à l'ouvrage. Très vite ils dépassent la productivité des salariés en place. Ces derniers ne manquent pas de leur faire comprendre que l'excès de zèle est mal vu ! On peut ainsi constater que le premier mois leur performance dépasse de 30 % la moyenne, mais dès la fin du deuxième mois, ils s'alignent sur la moyenne.

Cette logique de comparaison induit une compétition interne, plus ou moins violente. Selon les lieux et selon l'ambiance de travail, cet effet peut être partiellement compensé par des logiques de solidarité et de soutien mutuel.

Mais elles sont mises à mal par le classement en quartile qui est un autre apport de la culture anglo-saxonne aux entreprises internationales. De quoi s'agit-il ? Cela part d'une loi statistique universelle : une population se répartit toujours selon une courbe de Gauss[1]. Donc dans une équipe, les collaborateurs se répartissent aussi sur ce type de courbe : certains (peu nombreux) sont carrément mauvais ou franchement très bons et les autres se répartissent entre une moitié plutôt au-dessus de la moyenne et une

1. La course en cloche de Gauss représente la densité de probabilité d'une variable.

autre moitié plutôt en dessous. Ce qui revient à classer en quatre quartiles.

Muriel a des insomnies depuis quelques jours. Elle est relancée par son management pour le classement en quartile de son équipe. Dans son premier envoi, elle n'avait mis personne dans le dernier quartile qui est l'antichambre de la sortie. Elle considère qu'aucun de ses collaborateurs ne mérite ce déshonneur et cette sanction qui ne dit pas son nom. Tous font des efforts, tous ont une grande conscience professionnelle et les résultats sont globalement bons. Mais lui répète la RH, on n'est pas là pour faire du sentiment et on ne peut pas dire que tout le monde est bon car statistiquement ce n'est pas vrai et donc c'est un refus de voir les choses en face et de sanctionner. Or c'est là le rôle du management. La mort dans l'âme, Muriel sait qu'elle va devoir mettre Pierre-François dans la dernière catégorie, elle sait aussi les conséquences que cela aura pour sa carrière.

Le classement en quartile consiste ainsi à obliger les managers à classer leurs collaborateurs dans ces quatre catégories. Pour éviter que les managers glissent tous leurs collaborateurs dans la catégorie des « très bons », on les contraint à les répartir. Ceux qui sont classés dans la catégorie inférieure sont de facto inscrits en tête de liste s'il y a une menace de licenciement. Notons que la plupart des entreprises françaises n'ont pas encore adopté cette pratique. En revanche, beaucoup de filiales françaises des grands groupes l'ont fait.

Le discours officiel (politiquement correct) est qu'il s'agit en fait d'alerter les collaborateurs en sous-performance afin qu'ils puissent mettre en place un « plan d'action ». Le collaborateur est prévenu et le manager, soutenu par les RH, est là pour l'aider à s'améliorer. Bien sûr, si au bout de plusieurs années, le collaborateur reste dans la même catégorie, c'est que son job ne lui convient pas et qu'une réorientation s'impose. On le voit : le discours est parfaitement rodé. Mais la pratique, elle, est un peu différente.

Plaçons-nous un instant dans la situation du manager qui doit classer ses collaborateurs. Son appréciation est que personne n'a démérité : chacun s'est donné du mal, a progressé et contribué aux résultats de son entité. Pour autant, il va tout de même devoir inscrire certains d'entre eux dans le quartile inférieur sous peine d'être lui-même sanctionné pour ne pas avoir appliqué la règle. Être injuste ou être sanctionné… Et la situation n'est pas plus rose pour ses collaborateurs. C'est ainsi que, régulièrement, certains d'entre eux, bien qu'ayant « surperformé » – selon le jargon anglo-saxon en vigueur – plusieurs années de suite, voient leur classement dégradé afin que leur manager puisse « en mettre d'autres dans la catégorie A », tandis que d'autres encore, qui ont fait honnêtement leur travail, se retrouvent en bas de l'échelle parce qu'il « faut bien mettre quelques-uns » dans le quartile maudit.

Le principe qui conduit à ce type de pratique est logique, même scientifique. Mais la façon systématique dont il est appliqué ne tient pas compte de différents paramètres et frise l'absurde. Le premier est que les règles statistiques ne s'appliquent pas aux petites équipes. Le second est que dans certaines fonctions ou divisions de l'entreprise, les salariés sont tellement sélectionnés qu'ils ont tous un bon niveau de performance.

Voilà pourquoi la pression et le sentiment d'injustice produit sur les équipes par ce type de classement sont considérables. Chaque année, le couperet tombe. La perspective du classement induit une méfiance qui va à l'encontre du travail d'équipe. Dans ces conditions, faire appel à son manager en cas de difficultés peut laisser paraître une fragilité qui risque à tout moment de se révéler dangereuse. Chacun cherchera donc à dissimuler au mieux ses difficultés et à expliquer qu'une éventuelle contre-performance est en fait due aux autres (ses « collègues » en général).

Plus encore, cette pratique répand l'idée que seuls les salariés hors norme (au sens KPI du terme) ont leur place dans l'entreprise. Les autres ont vocation à être exclus. Comme s'ils n'étaient pas dignes de rester. Comme si l'entreprise était un lieu réservé à une élite. Une élite capable d'être très productive pour extérioriser d'excellents résultats, d'abord pour l'actionnaire bien sûr.

La conclusion s'impose d'elle-même : le classement en quartile est déstabilisant pour les collaborateurs mais plus encore pour les managers car ils se sentent contraints d'appliquer un schéma qui les oblige à être injustes. Ce pouvoir démesuré du classement n'est pas complété par celui qui donnerait à leurs collaborateurs une véritable chance de progresser. Mais surtout, l'obligation de « mal classer » une partie d'entre eux les incite à chercher des stratégies détournées, sans lien avec la performance. Les questions pourraient être par exemple : « De qui ai-je vraiment besoin ? », « Pour qui est-ce le moins grave compte tenu de sa situation personnelle d'être mal noté ? »... Enfin, le modèle récuse par essence la possibilité de disposer d'un ensemble de collaborateurs performants dans la durée.

Quant aux dirigeants, on voit aisément l'avantage qu'ils trouvent à ce système. Ils disposent de tableaux de chiffres qui leur permettent de suivre l'activité au jour le jour. Ce qui rassure leur besoin toujours croissant de contrôle et répond à leur représentation de l'efficacité. Plus encore, ils mettent en pratique la règle du jeu à la base du capitalisme financier : chacun pour soi. On gagne contre les autres, tout n'est que compétition.

La solitude, berceau du stress

Une étude américaine récente[1] montre que les salariés qui ont des attitudes agressives vis-à-vis de leurs collègues sont mieux évalués par leur hiérarchie. Il existe en effet une forte corrélation entre harcèlement, évaluations positives et aptitudes sociales (notamment le sens des jeux politiques). Cette dernière dimension correspond aux capacités à bien comprendre les jeux relationnels et à les utiliser à son profit. En somme, celui qui a compris les mécanismes de jeux politiques internes et se montre violent vis-à-vis des autres arrive à se faire bien voir de sa hiérarchie.

Ce mode de management va totalement à l'encontre des logiques de coopération. Même sans se montrer agressif, simplement passer du temps à aider ses collègues, c'est en « perdre » pour produire son propre travail. Aider les autres, c'est leur permettre d'être proportionnellement plus performant. Chacun est centré sur sa tâche. Dans cette nouvelle forme d'usine que sont par exemple les centres d'appels, les téléopérateurs sont suivis non seulement sur ce qu'ils disent mais aussi sur le temps qu'ils mettent pour répondre au client. Ce mode de fonctionnement pousse chaque salarié à ne pas se disperser, à rester concentré sur ses propres objectifs. Pas question de discuter avec les autres. Alors que dans les entreprises où l'on recherche la coopération, on multiplie les lieux de rencontres et d'échanges entre salariés (notamment les espaces de convivialité et de jeux), dans les entreprises classiques, l'échange est considéré comme du bavardage improductif. Imprégnés

1. Citée dans le *Wall Street Journal* du 7 juillet 2013.

par le modèle scolaire, les collaborateurs sont priés de ne pas discuter entre eux.

Tout se conjugue pour les isoler. L'une des conséquences est la baisse de l'engagement syndical et lorsqu'on y recourt, c'est pour être aidé à régler un problème personnel. La seule façon de s'en tirer est donc de gagner contre les autres puisqu'on ne peut jamais gagner avec eux !

La réduction du temps de travail a encore accentué le phénomène. Le passage des trente-neuf aux trente-cinq heures s'est fait, en partie, en supprimant tous les temps collectifs et informels pour canaliser les salariés sur leur tâche principale. D'ailleurs, les chiffres le montrent : en France, on travaille certes moins que nos grands voisins européens, mais avec une meilleure productivité. Pas question de lever la tête du guidon.

Cet isolement a une conséquence qui est peu connue : il est un autre facteur de stress. En effet, de nombreuses études ont montré que ce qu'on appelle le soutien social constitue l'un des facteurs essentiel de régulation du stress. En disposer, c'est tout simplement avoir autour de soi des personnes avec lesquelles échanger sur les problèmes et les difficultés que l'on rencontre au quotidien. Cette entraide peut aussi bien venir des collègues, des chefs que de telle ou telle personne des fonctions support. Elle suppose à la fois la disponibilité des différents acteurs et un état d'esprit d'entraide mutuelle. Donc ne pas avoir un agenda surbooké et disposer de moments informels sans avoir l'impression de ne pas être productif.

Promotions et clans

La rivalité s'exacerbe encore lorsqu'il s'agit de progresser dans l'organisation. En théorie, les règles de promotion interne sont censées être claires. Le poste à pourvoir est décrit et les compétences nécessaires pour le remplir sont explicites. Les candidats internes peuvent postuler et celui qui correspond le mieux à la fiche de poste sera choisi. Mais, en pratique, le réseau relationnel semble souvent plus important que les données objectives, les stratégies d'alliance plus décisives que les performances réelles. Autrement dit, les règles de promotion interne semblent contredire (au moins partiellement) la belle mécanique affichée, en apparence objective et égalitaire. C'est comme si les règles changeaient lorsqu'il s'agit de faire le bilan sur plusieurs années afin de permettre à chacun de progresser et de prendre de nouvelles responsabilités. La prise de conscience de cette évolution conduit les salariés à donner des signes de loyauté à certains dans la hiérarchie dans l'espoir d'une contrepartie.

Des familles informelles se créent ainsi que l'on pourrait bien appeler « clans ». Ils sont composés de cercles concentriques de membres qui ont noué un pacte implicite de soutien mutuel. Certains pourraient s'en réjouir et y voir la base d'un fonctionnement collectif efficace. Mais l'objectif n'est pas l'efficacité collective, c'est une alliance de circonstance au service d'intérêts particuliers convergents. Alliances qui se nouent et se dénouent de façon opportuniste.

De plus, le clan reproduit le mode de rivalité, qui existe entre les individus, vis-à-vis des autres clans. Celle-ci ne s'organise plus entre individus mais entre équipes. Elle se caractérise par la compétition entre chefs. Leurs équipes se rangent derrière leur leader. Peu à peu, des oppositions de principe s'organisent et se structurent. Toute initiative venue de l'une est par définition rejetée par l'autre et réciproquement.

La compétition ne se limite donc pas aux individus, elle s'organise aussi entre équipes ; parfois avec la bénédiction des dirigeants qui prennent plaisir à se positionner en arbitre, et qui jouent les divisions pour mieux régner, pensant renforcer leur légitimité.

Tout est donc construit pour créer et entretenir la rivalité tant au niveau des individus que des entités. Elle est justifiée par le terme d'émulation. En réalité, il s'agit d'un mécanisme qui incite chacun à battre ses rivaux. Cette « émulation »-là se paie au prix de l'efficacité collective. Or celle-ci est aujourd'hui une nécessité vitale.

Le paradoxe de l'organisation matricielle

La question à laquelle tout dirigeant se voit confronté est donc la suivante. Ayant implanté cette mécanique de mise sous pression des individus et des équipes pour les rendre productifs, comment les faire aussi travailler ensemble ?

La solution trouvée paraît évidente. Puisque chaque équipe a tendance à se replier sur elle et à jouer son intérêt contre celui des autres, il suffit de construire une organisation qui les force à s'ouvrir aux autres. Notons que c'est à nouveau la contrainte qui est utilisée car considérée comme le moyen le plus efficace. C'est l'un des rôles de l'organisation matricielle. Chaque salarié n'est plus relié à un seul mais à deux ou à trois chefs. Ainsi, le responsable informatique d'une activité dans un territoire n'a plus seulement comme chef le patron opérationnel de l'activité mais le responsable informatique de la région. Et comme chacun fonctionne selon sa propre logique en fonction de ses propres objectifs, il se trouve obligé d'intégrer les contraintes des autres. Le problème principal du patron opérationnel sera que l'informatique réponde au mieux à ses besoins pour mener son activité. En revanche, le responsable de l'informatique pour la région aura avant tout pour tâche de veiller à la compatibilité du local avec le global et à maîtriser les coûts. Inévitablement, notre informaticien se retrouvera donc au cœur de contraintes contradictoires. La plupart du temps, ses « chefs » ne trouveront pas de compromis entre eux et le laisseront gérer ces injonctions paradoxales. Comment peut-il s'en sortir ? Très vite, il aura identifié celui qui a le plus de poids dans le système et surtout celui qui est susceptible d'influer le plus sur son orientation professionnelle et sur son avenir. S'il adopte un comportement rationnel, il suivra son intérêt. Pour le reste, il fera semblant. Il maintiendra les apparences, ne s'opposera jamais de manière frontale.

L'organisation matricielle oblige à échanger et à prendre en compte des intérêts divergents. En théorie, c'est une ouverture au dialogue, en pratique c'est une confrontation de rapports de force. Mais ce type d'organisation a considérablement facilité les échanges d'informations à travers toutes les strates de l'entreprise, grâce à un outil privilégié.

L'e-mail a fait irruption dans nos vies dans les années 1990. Son succès a été immédiat, bien au-delà de ce qui pouvait être anticipé au point d'être devenu une des occupations nouvelles à part entière, parfois même la principale pour certains managers.

L'e-mail démontre si c'était nécessaire que plus personne ne peut travailler de façon isolée plus de quelques heures, parfois même plus de quelques minutes. Celui qui, pour une raison ou pour une autre, est brutalement privé de cet outil, se sent isolé et très vite dans l'incapacité de faire son travail. La fourmilière se désorganise rapidement si les informations ne peuvent plus circuler.

C'est bien l'objectif des organisations matricielles de favoriser cette fluidité avec cet outil formidable. L'illusion a été de croire qu'il suffisait d'écrire une information pour que celle-ci soit prise en compte et plus encore qu'il suffisait d'élaborer une organisation pour que les acteurs en fassent l'usage souhaité. Certes, elle y contribue en construisant un modèle théorique d'interactions cohérent. Mais, sur le terrain, les acteurs ne l'utilisent pas telle qu'elle a été pensée. Entre l'organisation théorique et le fonctionnement réel, il y a tout simplement le facteur humain. C'est-à-dire des relations qui se construisent et qui vivent à travers le comportement des acteurs. Or celui-ci dépend de leurs émotions (envies, peurs, etc.) et de la compréhension qu'ils ont de leur intérêt à un moment donné. Et comme il s'agit de se distinguer parmi ses pairs et d'être repéré comme meilleur individuellement, tout ce système, qui devrait théoriquement permettre aux acteurs de coopérer, est détourné avec plus ou moins d'habileté par les uns et les autres pour l'utiliser à leur profit.

Outil d'efficacité collective, l'e-mail devient alors le symptôme de ce dysfonctionnement. Il sert à se valoriser en faisant savoir à la terre entière ce qu'on fait sous prétexte de transmettre l'information. Il sert à marquer son territoire en rappelant ses pairs à l'ordre chaque fois qu'ils pourraient émettre un avis jugé intrusif. Il sert à ne pas prendre ses responsabilités en interrogeant plusieurs interlocuteurs puis en s'abritant derrière l'argument : « Ils ne pouvaient pas dire qu'ils n'étaient pas au courant… »

En jouant sur l'implicite, ce mode de communication peut alors très vite diluer les responsabilités. Au lieu d'avoir une dynamique collective autour d'un projet, on constate un lieu de confrontation des ego qui cherchent leur intérêt personnel.

L'e-mail a pris une telle place que, pour beaucoup, travailler consiste à s'asseoir devant un écran et un téléphone pour répondre au flot ininterrompu des sollicitations. Celles-ci ne s'arrêtent d'ailleurs pas lorsqu'ils se déconnectent, rentrent chez eux ou partent en vacances. L'accumulation se poursuit irrésistiblement comme si la machine, une fois amorcée, ne pouvait plus s'arrêter. Et alors ? N'est-ce pas simplement une nouvelle façon de travailler ? En quoi serait-elle plus stressante qu'auparavant ?

La première caractéristique de cette nouvelle méthode de travail est d'être en permanence happé par le présent, dévoré par l'immédiateté. Même s'il n'y a pas d'urgence, ces types de communication poussent à répondre sans délai. La nécessaire réactivité requise fait que ne pas réagir dans les heures qui suivent est souvent considéré comme un manquement, voire une forme d'agressivité. Même si la question n'est pas urgente, le récepteur du mail préférera souvent répondre rapidement ne serait-ce que pour éviter l'accumulation.

Si une telle pratique facilite la rapidité d'échange, elle altère d'autant la capacité à prendre du recul, à réfléchir. Et augmente, a contrario, le stress.

Les interruptions permanentes amplifient le fractionnement du travail. On passe d'un sujet à un autre. On apporte une réponse sans être sûr de son utilité réelle et de l'usage qui en sera fait. In fine, on peut passer une journée bien chargée avec l'impression de n'avoir rien fait. Ce fractionnement donne le sentiment de travailler sans rien accomplir. Qui n'a pas ressenti cette frustration d'une journée si pleine dont on ressort avec une impression de vide total ? On sent la tension, la fatigue liée au rythme mais on n'en retient rien. Le sentiment d'être le maillon d'une gigantesque chaîne qui tourne sans fin dans le but principal… d'accélérer.

Le plus redoutable dans cette évolution du monde du travail est que l'on s'habitue au zapping incessant. Au point parfois que l'on n'arrive plus à travailler autrement. Chacun a pu se surprendre soi-même à s'interrompre dans une tâche qui exige de la concentration pour faire quelque chose de facile ou de futile car ces nouvelles habitudes attisent la curiosité et correspondent au plaisir de la stimulation ou de la nouveauté. Combien résistent lors d'une réunion ou d'un entretien à aller jeter un œil à leurs mails, voire à répondre au téléphone ? En somme, même quand les autres ne nous interrompent pas, on finit par s'interrompre soi-même !

Finalement, les salariés sursollicités de partout se trouvent de plus en plus seuls et en proie à une pression qui les empêche de prendre du recul.

Jouer collectif mais avec qui ?

Le bon manager, quelle que soit la taille de son équipe, souhaite qu'elle s'entende bien. Il a alors besoin de créer un sentiment d'appartenance, d'instaurer une proximité entre les acteurs, de susciter chez chacun d'eux le désir de dépasser ses intérêts particuliers. Autrement dit, de promouvoir la réussite collective davantage que la réussite individuelle. L'émulation ne se situe plus vis-à-vis du collègue mais des autres équipes. On a donc juste déplacé le problème de la rivalité interindividuelle à une rivalité interéquipes.

S'ils prennent en compte l'intérêt global de l'entreprise, les dirigeants se désolent volontiers de ces luttes internes. Ils rappellent que c'est vis-à-vis de la concurrence qu'il faut mobiliser son énergie et sa combativité. Mais plus l'entreprise est grosse, plus la concurrence se fait lointaine (parfois même sur un autre continent) et en devient presque abstraite.

Ainsi l'organisation, d'un côté pousse à la rivalité et à la compétition internes, de l'autre, casse les territoires et pousse à l'échange et à la coopération. Le résultat ? Une considérable déperdition d'énergie à tenter de rendre cohérent un système qui ne l'est pas. Les salariés apprennent à leurs dépens à faire face à ces incohérences. Le management se décrédibilise à demander tout et son contraire. Les objectifs s'atteignent toujours dans un niveau de tensions très vives et coûteuses pour la santé des salariés. La brutalité et la contrainte deviennent les ressorts principaux pour compenser le manque d'envie et la perte de sens.

Est-ce satisfaisant ?

9.

Se donner du temps : les entreprises familiales

C'est lors de leur traditionnel déjeuner du lundi que Pierre décide d'en parler à son fils : « Je pense que le temps est venu, tu es dans le groupe depuis quinze ans et tu en connais toutes les branches, c'est à toi de prendre les rênes. » François, ému, accuse le coup. Il savait qu'il était programmé pour reprendre le flambeau du groupe familial et s'y était préparé mais cela arrive plus tôt que prévu. Il sait que la tâche est immense. Il faut réformer le mode de management, réinvestir dans l'outil productif, relancer l'international. Pour la première fois, il se demande s'il a les épaules assez larges pour l'ampleur de la mission que l'on veut lui confier. Difficile de parler à son père de ses doutes. Il prend sur lui, tente de se montrer le plus serein et engage l'échange sur la façon dont va se passer le passage de relais.

Ce qui structure l'entreprise familiale c'est la pérennité. « Nous avons l'habitude de dire que nous n'avons pas reçu l'entreprise de nos parents, mais que nous l'empruntons à nos enfants. C'est cela qui compte. Nous pensons à notre descendance. Nous ne réfléchissons pas en termes de trimestres mais de générations », résume l'Italien Mario Preve, président de Riso Gallo, producteur de riz depuis 1845, qui témoigne dans l'enquête Ernst & Young publiée en janvier 2013 et réalisée auprès de deux cent quatre-vingts entreprises familiales représentant trente-trois pays[1]. « Je n'ai pas honte de ce que j'ai reçu, j'aurais honte de ne pas transmettre », a coutume de dire Ginette Moulin, propriétaire du groupe Galeries Lafayette fondé par son grand-père. Son petit-fils Nicolas qui dirige la branche grands magasins est dans le même registre :

« J'ai toujours eu l'envie profonde de rejoindre l'entreprise familiale et d'y poursuivre l'œuvre de mes ancêtres. Je n'ai jamais considéré que cela m'était dû. Au contraire : mes parents, mes grands-parents et même mes arrière-grands-parents Heilbronn, que j'ai eu la chance de connaître, m'ont inculqué le sens des devoirs avant celui des droits[2]. »

À l'opposé de l'actionnaire anonyme qui vise le profit à court terme et n'a d'autre attachement à l'entreprise que le montant de sa plus-value espérée et celui de ses dividendes, l'actionnaire familial a un lien, cultivé de génération en génération, qui le met en posture de responsabilité. La première d'entre elles est de garantir une pérennité car l'entreprise est une finalité en soi. Elle symbolise la famille et son histoire.

Cette règle de la pérennité comme finalité première s'appuie sur deux formes d'équilibres structurels de ce type d'entreprises : équilibre court terme-long terme ; équilibre entre les devoirs et les droits.

1. Ernst & Young et FBN International, « Construire pour durer. Les entreprises familiales montrent la voie de la croissance durable », janvier 2013.
2. *Les Échos* 19 août 2013.

Voir loin ?

Un récent travail mené par trois experts[1], centré sur un panel de plus de deux cents grandes entreprises internationales, dont une cinquantaine de françaises, conclut sans la moindre ambiguïté que les entreprises familiales ont une capacité nettement supérieure aux autres à résister aux crises. Ainsi au cours de la dernière décennie, les auteurs montrent, chiffres à l'appui, qu'elles ont été globalement plus rentables, se sont moins endettées, ont moins licencié et moins délocalisé que la moyenne du panel.

Selon l'enquête Ernst & Young, près de deux entreprises interrogées sur trois déclarent avoir enregistré une croissance d'au moins 5 % entre juillet 2011 et juin 2012 et une sur six d'au moins 15 %. Une performance d'autant plus remarquable que près des trois quarts des entreprises du panel sont implantées en Europe ou aux États-Unis, c'est-à-dire là où les conditions économiques ont été les plus difficiles au cours des dernières années. On retrouve cette qualité de résultat au niveau des entreprises familiales cotées puisque l'écart de performance boursière entre les entreprises familiales européennes et celles de l'indice Stoxx 600 atteint 60 % sur dix ans[2] selon les calculs de Syz Asset Management.

Pour autant, 30 % seulement des entreprises familiales survivent à la deuxième génération, 13 % à la troisième et 3 % au-delà, si l'on en croit les conclusions de l'étude

---

1. Alain Bloch (HEC), Nicolas Kachaner (BCG), Sophie Mignon (Polytechnique), *La Stratégie du propriétaire*, Village mondial Pearson, 2012.

2. Sur des données allant du 27 avril 2002 au 27 avril 2012, selon Syz Asset Management.

Ernst & Young. Bref, elles ont des spécificités qui les protègent et les rendent plus performantes… quand elles survivent !

L'une des clés réside dans l'équilibre court terme-moyen terme. Cette enquête précise d'ailleurs que, globalement, 58 % des dirigeants d'entreprises familiales citent en priorité « la gestion dans une perspective de long terme » comme l'élément déterminant de la réussite de leur entreprise.

Moins gourmands en rentabilité immédiate qu'un fonds de pension, ces dirigeants ont le luxe, aujourd'hui rare, du « capital patience ». Ils sont là pour longtemps. Parfois, pour toute la vie. C'est la raison pour laquelle les décisions stratégiques sont abordées dans un état d'esprit différent. « Les entreprises familiales fonctionnent généralement dans un esprit comparable à celui des sociétés appartenant à des fondations, parfois même comme des coopératives. Les propriétaires n'ont nullement l'intention de les vendre et cela change tout parce que la société est alors envisagée comme une source de revenus continue, nourrie par les actifs[1] », analyse Philip Aminoff, président honoraire du Groupement européen des entreprises familiales et président d'Electrosonic, entreprise familiale finlandaise du secteur du multimédia. Ainsi, les investissements qui garantissent l'avenir ne seront pas sacrifiés, même en période de ralentissement, voire de crise, et même s'ils supposent des sacrifices pour le présent. Une philosophie qu'Elizabeth Ducottet, présidente de Thuasne (leader européen du textile médical), et représentante de la cinquième génération aux commandes de l'entreprise, a fait sienne depuis longtemps : « Comme toute entreprise familiale, patrimoniale, le succès financier à court terme ne consti-

1. Ernst & Young, *loc. cit.*

tue pas une priorité même si, bien entendu, nous veillons attentivement à la rentabilité. Nous privilégions toujours [...] l'objectif de long terme. Si demain s'annonce un peu gris pour qu'après-demain soit radieux, nous n'hésitons pas un seul instant[1] ! »

Thierry de La Tour d'Artaise, le P-DG de Seb, est sur la même longueur d'onde : « Notre chance, fantastique, c'est d'avoir un actionnariat familial. Même s'il peut parfois être compliqué de gérer deux cent cinquante personnes, l'actionnaire est depuis l'origine un actionnaire industriel doté d'une vision à long terme. Et c'est le conseil d'administration qui décide. » Et d'illustrer son propos en revenant sur le rachat d'une partie des actifs de Moulinex en 2001 : « Lors du dépôt de bilan, cinq mille cinq cents personnes se sont retrouvées sur le carreau en France et huit mille dans le monde. Le climat social était très tendu. J'étais persuadé que nous devions faire une offre mais aussi que nous plongerions en Bourse. La seule question du conseil a été : est-ce stratégique ? Oui ? Alors, on y va. Finalement, ma seule erreur a été... que le cours de Bourse n'a pas baissé ! Dans une telle situation, un fonds de pension américain n'aurait peut-être jamais donné son feu vert. En Chine, pour Supor (le nom de Seb en Chine), les autorités chinoises ont mis dix-huit mois à nous le donner. C'était compliqué. Comme c'est le cas en Inde, aujourd'hui. Cette structure familiale est un gage de sérénité. Une preuve supplémentaire, s'il en faut une : lorsque le cours est monté très haut – trop ! –, en 2011, la famille n'a pas vendu ses titres pour autant. Et avec 43 % du capital

1. « Un pouvoir sans partage est voué à l'échec », *Les Cahiers Ernst & Young* n° 12, janvier 2011.

et 60 % des droits de vote, le groupe est protégé des prédateurs[1]. »

L'entreprise familiale n'est pas seulement un actif rentable, c'est un prolongement affectif et identitaire de la famille. Cet investissement affectif donne à l'entreprise une tout autre valeur. C'est ce qui permet de faire des sacrifices à court terme. Chacun sait que ces sacrifices sont pour le bien de l'entreprise, donc, à terme, pour le bien de la famille.

Le contrôle du capital est d'autant plus gage de sérénité qu'il va souvent de pair avec la stabilité du management. Thierry de La Tour d'Artaise en sait quelque chose puisqu'il est seulement le troisième président depuis 1975 et l'entrée du groupe en Bourse, et se trouve aux commandes depuis treize ans. La durée moyenne d'exercice des responsabilités est de quatorze ans dans les entreprises familiales (on a même compté vingt-neuf ans dans les entreprises familiales centenaires !). Dans les entreprises classiques, elle ne dépasse pas, en moyenne, sept ans. Plus encore, les dirigeants sont en général préparés de longue date par leurs prédécesseurs. Ils ont une intimité avec l'entreprise et sont imprégnés de ses valeurs.

La pérennité a un effet psychologique évident : on n'est pas jugé sur l'année en cours mais sur la marque laissée dans l'histoire (de la famille et de l'entreprise). Cela suppose aussi un mode de gouvernance qui permet d'entretenir et de nourrir la confiance entre les dirigeants et les actionnaires familiaux. Ce dernier point, quand il est sous-estimé, peut conduire à de sérieux conflits.

Les entreprises familiales, enfin, sont plus attentives aux hommes. Un certain nombre d'études concluent qu'elles

1. www.lesechos.fr/enjeux.

ont de meilleures performances dans ce domaine : fidélisation des salariés (sentiment d'appartenance), préservation des emplois, rémunérations maîtrisées des dirigeants (modèle de l'autorité équitable), éventail global des rémunérations resserré, rétributions hors salaire élevées (politique de protection de la santé et des revenus de retraite dans la vieille tradition du paternalisme social), politique de valorisation des compétences très dynamique (volonté de développer le niveau de compétences des salariés fidélisés.

Les droits et les devoirs

Autre spécificité des entreprises familiales durables : étant un prolongement de la famille, elles portent des valeurs fortes, incarnées par les dirigeants autant que par les actionnaires.

Donner du temps au temps sans sacrifier ni l'innovation ni la diversification va de pair avec une gestion parcimonieuse des ressources. Une frugalité assumée d'abord par les actionnaires. Dans les périodes de crise, lorsque le crédit bancaire se fait plus rare, le réinvestissement des bénéfices non distribués peut constituer un avantage concurrentiel non négligeable en leur permettant de se concentrer sur l'innovation et le développement des compétences stratégiques. Les mauvaises années, le patron propriétaire distribue peu ou pas de dividendes ; les bonnes années, il réinvestit une grande part des bénéfices dans la société.

Cette philosophie est plus délicate à mettre en œuvre dans des entreprises de plus grande taille, au capital dispersé entre de nombreux actionnaires, mais elle inspire tout de même souvent leur management. Ainsi, au sein du groupe Descours et Cabaud (3 milliards d'euros de chiffre d'affaires), la plus grande et la plus ancienne entreprise familiale non cotée qui compte huit cents actionnaires (65 % sont des descendants directs de la famille, 20 % des collaborateurs et leurs descendants et 15 % des investisseurs extérieurs). « Ils se considèrent comme des héritiers, non comme de simples actionnaires. La transmission leur importe davantage que les dividendes », souligne Thibaut de Grandry, descendant d'André Descours et douzième président de l'entreprise[1].

Cette tempérance est également à l'ordre du jour lorsqu'il est question de gestion financière ou de niveau d'endettement. Si l'équilibre entre celui-ci et les fonds propres venait à se dégrader, il obligerait l'entreprise à ouvrir son capital. À terme, la famille perdrait le contrôle (sur des bases de valorisation peu favorables de surcroît). Les plus prudents font donc en sorte que l'endettement ne dépasse jamais un tiers des fonds propres. Cette indépendance associée à un goût très modéré pour la dette se révèle souvent un gage de bonne gestion. En refusant de payer le prix exorbitant de la licence UMTS (la troisième génération de mobile), Martin Bouygues est ainsi devenu, un beau jour de janvier 2001, le « héros » de ce capitalisme familial économe de ses deniers en se démarquant des dirigeants de Vivendi et de France Telecom qui, après tout, ne jouaient, eux, qu'avec l'argent des autres ! Les patrons propriétaires s'offrent en effet rarement des folies aussi coûteuses car ils travaillent avant tout à préserver une « entreprise patrimoine » dont ils passeront un jour le relais à leurs descendants. Ils surveillent l'équilibre de leur bilan comme le lait sur le feu.

1. *Ibid.*

La gestion prudente et frugale des ressources s'applique à la vie quotidienne de l'entreprise. Frugalité symbolisée par la figure de Gérard Mulliez, le fondateur des hypermarchés Auchan, qui dirigea le groupe de 1961 à 2006. Quarante-cinq ans au cours desquels ce catholique nordiste pratiqua une gestion financière en bon père de famille comme on dit, tel un des beaux-arts. « Toute ma vie, je n'ai pas dépensé plus que je ne pouvais me le permettre », confiait-il au *Point* en 2012, avant d'ajouter : « Quand on prenait de l'essence à la pompe de l'usine, c'était déduit de nos appointements[1]. » Et, à l'instar d'un de Gaulle installé à l'Élysée, il s'enorgueillit encore aujourd'hui de payer de sa poche ses timbres-poste. Même s'ils ne s'abandonnent pas forcément, comme le fondateur d'Auchan, à une attitude qui frôle l'abstinence, les dirigeants d'entreprises familiales sont naturellement enclins à la sobriété. Car ils savent qu'elle est garante de leur marge de manœuvre stratégique à long terme.

Lorsque la cohésion familiale se distend et que l'entreprise devient un bien comme un autre, on assiste toujours à des batailles qui se terminent souvent soit par l'éviction d'une partie de la famille, soit par un rachat. Ça a été le cas de Lacoste en 2012. La bataille qui a opposé le père à la fille s'est déroulée en partie par voie de presse. La dimension familiale ajoute alors l'affectif à la défense d'intérêts divergents, ce qui se traduit par des batailles spectaculaires qui nourrissent les gazettes.

Ailleurs, lorsque le bien familial ressemble plus à un fonds qu'à une entreprise comme Wendel, il se désincarne. Plus rien ne symbolise la famille ni ne lie les actionnaires. Dès lors, la seule question est de préserver les revenus

1. *Le Point*, 12 juillet 2012.

des actionnaires par des allers-retours dans différents actifs sans attachement ni stratégie claire. L'entreprise devenue un fonds en prend les us et coutumes. Les dirigeants sont soupçonnés de se servir aux dépens des actionnaires, ce qui se traduit par des querelles sans fin, souvent conclues par des procès.

Notons que ces entreprises ont un poids prépondérant dans les pays de l'OCDE, notamment en Europe où elles représentent environ 50 % des emplois. Ainsi le Mittelstand, souvent présenté comme le cœur du réacteur de l'économie allemande, est composé principalement d'entreprises familiales souvent données en exemple de dynamisme et de pérennité. Last but not least, ces entreprises ne sont pas forcément toujours aussi petites qu'on veut bien le croire : un tiers des sociétés du Cac 40 comme du S & P 500 sont en effet organisées autour d'un mode de gouvernance familiale.

10.

Prends l'oseille et tire-toi

« Réduire notre budget recherche, c'est risquer de prendre du retard sur nos concurrents. » C'est la deuxième fois qu'il le dit et Vincent sait qu'il ne pourra pas le dire une troisième fois. La tension est d'autant plus palpable pendant ce conseil d'administration que l'habitude est plutôt à l'atmosphère feutrée et au consensus. Il faut dire que les prévisions de résultats qu'il avait annoncées en début d'année sont loin d'être atteintes. Pourtant, comme P-DG, Vincent n'a pas ménagé sa peine pour réduire les coûts. Mais les deux plans au cours de l'année n'ont pas suffi à compenser les effets de la crise sur le niveau des ventes. Aujourd'hui, les actionnaires ne sont pas prêts à sacrifier leurs dividendes pour ce qu'ils considèrent être une mauvaise gestion. Et à trop insister sur l'intérêt à long terme de l'entreprise, il sait parfaitement que c'est désormais son propre poste qu'il risque.

C'est à la fin du siècle dernier que la finance, qui avait été placée sous étroite surveillance après la Grande Dépression des années 1930, se libère de tout contrôle et contribue du même coup à l'émergence d'un nouveau capitalisme. Ce capitalisme, que l'on appellera « financier », est tendu vers un objectif et un seul : réaliser le plus de profits possible, le plus rapidement possible, pour le seul intérêt des actionnaires. Et, pour ce faire, il s'agit de supprimer purement et simplement tout ce qui n'est pas indispensable à la rentabilité maximale. Tout ce qui est inutile, superflu, toutes ces « viscosités », comme disent les financiers, qui alourdissent les coûts et amoindrissent les résultats. Ce capitalisme-là est un capitalisme sans projet, qui ne prépare pas l'avenir. C'est un « capitalisme ensauvagé » pour reprendre l'expression du philosophe François Ewald, qui n'a aucune conscience politique, au sens noble du terme, qui ne se préoccupe ni du collectif, ni de l'intérêt général, ni du bien public.

Qui se souvient encore des années 1980 et de leurs héros, les chefs d'entreprise ! C'est l'époque où les entrepreneurs sont glorifiés par les médias. Où Vincent Bolloré, transformé en « petit prince du cash-flow », fait figure de modèle à suivre. Où Bernard Arnault et François Pinault vont bâtir des empires avec la bénédiction des pouvoirs publics (en pleine Mitterandie). Où Bernard Tapie anime une émission de télé baptisée « Ambitions » et donne aux Français le sentiment qu'il est facile, avec un peu de bon sens et beaucoup de culot, de devenir milliardaire !

Mais c'était avant que les théories de Milton Friedman, prix Nobel d'économie, ne soient mises en œuvre. Le modèle est clair : l'entreprise n'est là que pour faire gagner de l'argent aux actionnaires et il est de la responsabilité des dirigeants d'en être les garants. Friedman avait précisé sa pensée dès le début des années 1970 dans le *New York Times*[1] : « Dans un système de libre entreprise et de propriété privée, un dirigeant de société est l'employé des propriétaires de l'entreprise. Il leur est directement redevable. Il est de sa responsabilité de mener l'entreprise

1. 13 septembre 1970.

selon leur souhait, qui est en général de gagner autant d'argent que possible [...]. » Mais c'est au tournant des années 1990 que celle-ci allait s'imposer sans rencontrer la moindre opposition. Deux phénomènes y concourent : la prolifération des hedge funds[1] d'un côté et le dogme des 15 % de l'autre, autrement dit *le* rendement minimal sur capitaux investis exigé par les investisseurs.

Les hedge funds ont une puissance de feu financière considérable qui leur permet de devenir rapidement l'actionnaire de référence d'une entreprise sans avoir à en prendre la majorité. Seul le profit à court terme importe. Et si d'aventure un dirigeant se montre peu réceptif à leurs diktats, il est débarqué sans autre forme de procès pour être remplacé par un manager plus docile. Sans visage pour les salariés de l'entreprise, friands de coups financiers, pressés de « sortir » avec une belle plus-value, ils fondent sur une entreprise comme sur une proie, en tirent ce qu'ils peuvent le plus vite possible et repartent pour de nouvelles aventures sans se préoccuper de la suite des événements. Si l'opération s'avère utile pour la valorisation de leur portefeuille, ils décident de découper l'entreprise en tranches ou d'en vendre une partie. C'est selon. Ils se considèrent dans leur bon droit. À aucun moment, ils ne montrent qu'ils se sentent responsables de l'avenir des salariés.

Né dans les années 1950, le dogme des 15 % de rentabilité sur fonds propres (ROE : *Return on Equity*) est dérivé de la notion de « création de valeur pour l'action-

1. Contrairement à ce que pourrait suggérer leur nom qui signifie « couverture », il s'agit de fonds non cotés à vocation spéculative. La créativité financière des années 1990, avec les produits dérivés et notamment les fameux subprimes, leur ouvrira des perspectives sans précédent.

naire » (Franco Modigliani et Merton Miller notamment[1]). Mais chacun sait que dans les années 1990, cet objectif est devenu l'horizon indépassable de toute stratégie d'entreprise. De New York à Paris en passant par Londres, Singapour ou Rio, une seule question obsède les équipes dirigeantes : comment faire pour avoir ce taux de rentabilité à court terme ?

Dans un premier temps, les entreprises ont répondu par un (ou des) plan(s) de restructuration : licenciements, réductions de budgets, toutes les économies sont bonnes pour grappiller de la rentabilité supplémentaire. Et les marchés ne s'y trompent pas : à chaque plan annoncé le cours de l'action monte. Chacun se souvient encore aujourd'hui de l'émotion suscitée en septembre 1999 par l'envolée du cours de l'action Michelin (+ 12 %) à l'annonce d'un plan de restructuration entraînant sept mille cinq cents suppressions d'emplois en Europe alors que le groupe de Clermont-Ferrand publiait des bénéfices semestriels en hausse de 20 %. L'expression « licenciement boursier » est employée pour la première fois au printemps 2001 lorsque Danone annonce mille sept cent quatre-vingts suppressions d'emplois dans le monde (dont cinq cent soixante-dix en France chez Lu) alors que le groupe affiche lui aussi des bénéfices. La plupart du temps, la recherche et développement n'a pas échappé aux coups de ciseaux, sacrifiant le long terme au profit du court terme.

Dans un second temps, les entreprises se sont montrées extrêmement généreuses avec leurs actionnaires et – comme si cela ne suffisait pas – ont parfois été jusqu'à lancer des programmes de rachat d'actions d'une ampleur

1. Auteurs à la fin des années 1950 d'une théorie sur la finance d'entreprise.

inédite. Les entreprises du S & P 500 ont ainsi racheté leurs propres actions, de 2006 à 2008, pour 1 447 milliards de dollars. Une manière de redistribuer la trésorerie de l'entreprise aux actionnaires et l'aveu implicite que le management n'a pas de projets suffisamment rentables à financer pour le long terme[1]. Ainsi, par exemple, avant la crise de 2008 soit entre 2000 et 2007, Citigroup a racheté 41,8 milliards d'actions et Lehman 16,8 milliards[2]. Des sommes qui leur ont fait cruellement défaut au moment de la crise. Un mouvement qui n'a pas cessé par la suite. En avril 2013, par exemple, IBM a annoncé un nouveau rachat d'actions pour un montant de 5 milliards de dollars. L'un des actionnaires (très minoritaire) d'Apple vient de suggérer que la firme emprunte 100 milliards de dollars pour les distribuer en dividendes aux actionnaires.

Du point de vue des salariés, l'actionnaire est une « partie prenante » non plus au sens de partenaire mais au sens propre du terme qui s'approprie toutes les richesses de l'entreprise, en justifiant son appétit par son investissement. Pour satisfaire cet appétit, les entreprises n'hésitent pas à arbitrer entre la distribution de dividendes et l'investissement de long terme. Exemple récent parmi d'autres : début 2013, alors que les dirigeants de GDF-Suez émettent une alerte quant à leurs bénéfices attendus, ils décident de s'engager sur un « dividende stable ou en croissance » pour la période 2013-2015 afin de répondre aux exigences

1. L'offre publique de rachat d'actions (Opra) permet à une entreprise dont la situation financière est florissante de racheter ses propres actions en Bourse pour les annuler. L'opération augmente mécaniquement le bénéfice net par action et donc le dividende versé. Elle fait aussi monter le cours de l'action et permet de redonner aux actionnaires qui vendent tout ou partie de leurs titres une partie de l'argent de l'entreprise.

2. *Enjeux – Les Échos*, sept. 2011.

de leurs deux grands actionnaires, l'État français et le milliardaire belge Albert Frère. Soit 3,5 milliards à débourser chaque année. Pour tenir cette promesse, le groupe réduit ses investissements de recherche et développement : de 7 à 8 milliards d'euros par an en 2011 et 2012 à 4 à 5 milliards dans les années à venir. Un changement de priorité qui n'a pas échappé aux syndicats : « Au moment où le groupe demande à ses salariés et fournisseurs de se serrer la ceinture, il est inadmissible que les actionnaires ne soient pas mis également à contribution », notait Force ouvrière dans un document publié en décembre 2012.

Ajoutons que, dans un monde où les taux d'intérêt (le loyer de l'argent) sont bas depuis longtemps, il faut forcément (hors situations spéciales comme la découverte d'une innovation révolutionnaire ou d'un gisement de matières premières...) parfois recourir à des méthodes peu orthodoxes, voire prendre des risques inconsidérés, pour obtenir la rentabilité attendue des capitaux investis.

Sous la pression de la finance, certains industriels en sont en effet arrivés à mettre en péril leurs entreprises. Quand ce n'est pas leurs clients. Signe des temps : jamais sans doute les rappels de produits défectueux ne s'étaient à ce point multipliés comme au cours des dernières années. Ainsi, le groupe américain Johnson & Johnson (pharmacie, parapharmacie, matériel médical) a dû débourser près de 3 milliards de dollars en 2011 pour éponger les coûts d'indemnisation et de règlements amiables dus aux innombrables rappels portant sur une incroyable collection de produits : prothèses de hanches, bouteilles de Tylenol (antifièvre et antidouleur), pompes à insuline, lentilles de contact, seringues, lotions pour bébé, la liste n'est pas exhaustive. Dosage inadapté, contamination bactérienne, présence de particules de verre ou de métal dans les produits… Les syndicats dénoncent une politique suicidaire de réduction des coûts (licenciements, accélération des process de production, recours accru à la sous-traitance…). Un palmarès qui a valu à William Weldon de figurer au classement annuel des « pires CEO de l'année » élaboré par un professeur de stratégie et de leadership pour le *New York Times.* L'auteur a distingué Weldon comme le dirigeant le plus content de lui mais aussi le plus chanceux. Ces rappels calamiteux de produits défectueux qui, pour certains, ont mis la vie de patients en danger, ne l'ont en effet pas empêché de prendre, fin 2012, une gigantesque somme bien mal méritée (entre les rémunérations différées, les plans d'épargne, la retraite chapeau : plus de 140 millions de dollars…). Cette course à la réduction des coûts sévit aujourd'hui dans tous les secteurs industriels, à commencer par la construction automobile.

Le japonais Toyota incarne sans conteste le champion toutes catégories des rappels associés à la pression croissante des exigences de rentabilité dans ce secteur très concurrentiel. Après une première vague de rappels qui avait touché neuf millions de véhicules dans le monde entre septembre 2009 et février 2010, une seconde survient à l'automne 2012 : pas moins de sept millions et demi de voitures rappelées à leur tour, bientôt suivie d'une nouvelle opération portant sur 2,7 millions de véhicules en raison d'une pompe à eau électrique défectueuse sur certains modèles hybrides et de problèmes sur une pièce du système de direction ! Les problèmes ont surgi avec la pression mise sur les salariés pour produire plus : Toyota produit en moyenne 29 véhicules par salarié et par an quand Renault et Peugeot en sont respectivement à 18 et 16. Notons que la grande mode du *Lean Management* reprise partout vient justement de Toyota ! Les syndicats pointent la réduction du temps d'études et de conception, les cadences élevées, les conditions de travail précaires, la sous-traitance croissante, les sanctions qui peuvent aller jusqu'au licenciement lorsqu'une erreur est commise, les contrôles insuffisants.

La pathologie du rappel commence à toucher l'ensemble du secteur des produits manufacturés. Apple ou Samsung n'ont pas été épargnés. Cette avalanche de malfaçons est le symptôme du déplacement des priorités. D'abord l'exigence de rentabilité et de profit, ensuite le reste, dont la sécurité du client. L'affaire de la viande chevaline dans les plats cuisinés relève de la même logique. La sécurité n'est pas mise en cause, il s'agit juste de tromperie pour améliorer la rentabilité.

Plus grave encore. La tragédie de Fukushima a montré que la sécurité et la santé collectives peuvent être sacrifiées au nom de la protection des résultats. Tepco, l'opérateur de la centrale, en est la triste illustration. Les révélations successives sur la gestion de la catastrophe montrent, en effet, une succession indiscutable et tragique de dysfonctionnements, mêlant dissimulations et contre-vérités. Notamment par la direction de Tepco. Dysfonctionnements confirmés par la mise à disposition par la Justice nippone de quelque cent cinquante heures d'images vidéo enregistrées dans les premiers jours qui ont suivi la catastrophe. La première préoccupation a toujours été de préserver les installations et de minimiser les risques pour protéger l'entreprise avant les vies humaines. Ainsi, des ouvriers d'une filiale de Tokyo Energy System, filiale de Tepco, qui sont intervenus sur le site accidenté, ont été contraints de mentir sur le niveau réel de radioactivité en renforçant le blindage de leurs appareils de mesure ! L'un des héros de l'épisode est un manager qui a désobéi à sa hiérarchie en arrosant un réacteur d'eau de mer, le refroidissant mais le rendant aussi définitivement inopérant.

De même, l'analyse de la catastrophe pétrolière de BP dans le golfe du Mexique montre que le matin même de l'accident, des dirigeants ont effectué une visite de sécurité. Les opérateurs de la plate-forme savaient qu'ils menaient une opération de cimentage du puits mal maîtrisée et dangereuse. Mais personne n'en a parlé car cela aurait induit des coûts supplémentaires. La visite des dirigeants était complètement factice. Mieux vaut ne rien dire que de signaler les vrais problèmes dont la conséquence est toujours un ralentissement de la production donc une augmentation du budget. Plus généralement, c'est la pression financière exercée par l'actionnaire sur l'entreprise qui peut pousser celle-ci à la faute. Une nouvelle règle du jeu fondée sur le rapport de forces entre les acteurs : chacun pour soi contre les autres. L'entreprise est ainsi devenue un lieu de confrontation avant tout.

Autre règle : comme le temps c'est de l'argent, tout est urgent et doit se faire dans la précipitation. Tout le monde doit être en permanence sous pression.

La terrible collusion

Sous l'effet du modèle de Milton Friedman, les dirigeants se sont mis au service de l'actionnaire. Quoique. S'ils manifestent une ardeur sans pareille à garantir la rentabilité de l'entreprise, c'est qu'ils y trouvent leur propre intérêt. Depuis les années 1990, les plans de stock-options et d'actions gratuites sont de plus en plus nombreux… et rémunérateurs ! En 2008, à la veille de la crise financière, ils représentaient 62 % du salaire des cent patrons américains les mieux payés (qui touchaient en moyenne 39 millions de dollars par an). Ces rémunérations sont-elles justifiées par leur performance pour l'actionnaire ? L'économiste Daniel Cohen semble en douter : « Les stock-options leur font épouser le point de vue des actionnaires. Sont-elles, du strict point de vue de la création de valeur boursière, la meilleure façon d'y parvenir ? Non : la valeur de la Bourse a été multipliée par dix au cours des vingt dernières années pour de multiples raisons, dont la baisse des taux d'intérêt, l'émergence de nouvelles technologies et la mondialisation, qui échappent pour l'essentiel aux décisions de tel ou tel chef d'entreprise. Du strict point de vue des incitations à la bonne gestion, la hausse générale de la Bourse n'a aucune raison de profiter à un P-DG en particulier[1]. » En juillet 2011, le *Journal des Finances* soulignait que depuis 2002 la progression de la rémunération des patrons du Cac 40 était de 15 %, tandis que durant la même période, les pertes cumulées des entreprises qu'ils dirigent ont dépassé les 20 milliards de dollars et le cours des actions a baissé de 34 %.

Les dirigeants d'aujourd'hui ne sont donc plus des salariés comme les autres. Ce statut particulier, à l'origine de privilèges qui n'ont pas toujours leur justification, a créé un fossé avec leurs propres collaborateurs et notamment les managers. De plus en plus, le dirigeant apparaît comme quelqu'un qui ne décide qu'en fonction de ses propres intérêts. Il s'abrite derrière les contraintes édictées par les actionnaires sans faire preuve de résistance. Opportuniste et nomade, il cultive son image, rebondit d'entreprise en entreprise, s'appuyant sur un solide réseau de pairs qu'il côtoie dans les conseils d'administration. Bref, il fait partie

1. Daniel Cohen, in *Le Monde*, 6 septembre 2006.

d'un monde très fermé et à part. Rares sont d'ailleurs ceux qui dénoncent le système actuel, ou alors ils attendent d'être à la retraite après y avoir contribué. On peut les comprendre : ceux qui sortent du rang sont vite sanctionnés. À Davos en 2010, Léo Apotheker déclarait : « Il serait temps qu'on parle de valeur partenariale plutôt que de valeur actionnariale. » Coïncidence ? Quelques jours plus tard, le patron de SAP était débarqué.

Le dirigeant est devenu un être à part. Il semble plus préoccupé par ses propres intérêts que par ceux de l'entreprise dont il a la charge. En fait, il a compris que pour durer, il fallait fonctionner comme ses actionnaires : s'approprier la règle du chacun pour soi. Se préserver avant tout, même si cela doit être aux dépens des autres. Les actionnaires lui montrent qu'ils n'agissent qu'en fonction de leur propre intérêt : à lui de faire pareil. Peu à peu, ce culte des rapports de force se transmet pour devenir un principe général de l'entreprise tout entière. Une contamination qui a eu des conséquences dévastatrices sur la qualité du climat qui règne dans la plupart des sociétés.

Car la crise de confiance n'a jamais été aussi profonde. Déjà en novembre 2009, un sondage TNS Sofres montrait que 64 % des salariés et 50 % des cadres estimaient que les intérêts des dirigeants de leur propre entreprise et ceux des salariés n'allaient pas dans le même sens. Ils étaient une proportion similaire à penser que l'écart de salaire entre dirigeants et salariés ne se justifiait pas. Concrètement, cela signifie que chaque décision prise par le dirigeant est d'emblée suspecte. Cette crise de confiance induit une perte de sens et des revendications corporatistes qui visent à maintenir les avantages acquis. Chacun essaie de sortir son épingle du jeu en gagnant contre les autres. Quelle différence entre un dirigeant qui se bat pour une retraite chapeau ou des indemnités de départs indécentes et des contrôleurs aériens qui se mettent en grève un jour de départ en vacances ? La logique du chacun pour soi est devenue la norme. Comment à court terme tirer le maximum du système ?

Quant à l'écart des salaires au sein de l'entreprise, il s'est creusé au cours des dernières années. « La règle que John D. Rockefeller avait énoncée en matière de rémunération c'est qu'un dirigeant ne doit pas gagner plus de quarante fois le salaire de ses ouvriers. Le chiffre américain est aujourd'hui de quatre cents[1]. » Certes des initiatives récentes comme la votation suisse de mars 2013 sur la régulation des revenus des dirigeants vont dans le bon sens. Mais on peut craindre qu'une règle supplémentaire ne soit pas suffisante pour faire changer les mentalités.

La crise de confiance est d'autant plus marquée que l'entreprise est grande et que les dirigeants donnent le sentiment d'être loin (physiquement et mentalement) de la base. Dès lors, la moindre de leur décision fait l'objet d'interprétations. Les symboles, notamment leur rémunération, ont une résonance, un écho comme jamais auparavant. D'autant que le décalage entre le discours et les faits est parfois criant. Les dirigeants sont accompagnés d'excellents communicants qui les abreuvent d'« éléments de langage » comme ils disent. Les différentes parties prenantes de l'entreprise ne sont jamais oubliées. Traditionnellement on en cite quatre : clients, salariés, actionnaires et environnement de l'entreprise (comprenant à la fois la responsabilité sociale et environnementale). Les discours mettent toujours ces acteurs sur le même plan et expliquent la nécessité de combiner les intérêts de tous, ce dont se

1. Daniel Cohen, *Trois leçons sur la société post-industrielle*, Le Seuil, 2006.

portent garants les dirigeants. La réalité est tout autre : aux salariés, les efforts ; aux actionnaires, les marges ; aux autres, la communication. À tout moment, les salariés se sentent à la merci d'une décision d'actionnaires qui ne se préoccupent guère des effets sur les hommes et les femmes qui travaillent pour eux. Les actionnaires sont à la fois tout-puissants et peu engagés dans l'entreprise. Ils peuvent la quitter d'un clic s'ils le décident ! Le patron d'un fonds d'investissement le reconnaît : « En perdant le lien entre l'actionnaire et l'entreprise, notre capitalisme se suicide à grande vitesse[1]. »

Dès lors, les tensions entre les strates de l'organisation s'exacerbent. Le manager dont l'un des rôles est de jouer l'interface se trouve souvent au cœur de ces tensions. Il est d'ailleurs pris lui-même dans un questionnement personnel sur sa posture. Si certains se sentent sans état d'âme du côté des dirigeants, d'autres se voient du côté des collaborateurs. Entre ces deux postures, beaucoup naviguent d'un bord à l'autre en fonction des événements. Ils peuvent ainsi soutenir un jour le dirigeant qui initie des changements utiles et se sentir très mal à l'aise le lendemain, contraints de faire face à un plan de licenciement alors que l'entreprise continue de faire des bénéfices. Une position des plus inconfortables souvent accompagnée d'anxiété. Pas un dirigeant n'échappe à cet état qui s'est installé subrepticement à mesure que grandissait un sentiment d'instabilité et de précarité, tant pour l'entreprise que pour lui-même et, au-delà, l'ensemble de ses collaborateurs. Une sensation désagréable qui le pousse chaque jour davantage à tenter de se protéger autant que possible en maîtrisant l'organi-

1. Daniel Pinto, *Le Choc des capitalismes*, Odile Jacob, 2013.

sation dont il a la charge et en choisissant des cadres qui lui sont tout dévoués.

Cette anxiété se diffuse dans toute l'entreprise. Chacun a compris que face à des actionnaires trop souvent mus uniquement par le profit à court terme, elle ne parvient plus à être un espace où il existe des relations de confiance. À tout moment, une brillante idée d'un banquier d'affaires peut provoquer la vente de l'entreprise et les centres de décisions seront déplacés sans se soucier le moins du monde des salariés. Cette règle du jeu de l'égoïsme, ils vérifient chaque jour que ceux qui se l'approprient sont aussi ceux qui s'en sortent le mieux.

Pourtant, il est tellement tentant de croire aux beaux discours des communicants qui parlent d'aventure collective, de solidarité, d'avenir commun ! Mais ceux qui s'y laissent prendre ne manqueront pas de se sentir trompés.

11.

Partager le pouvoir c'est possible, Essilor

« Tout au long de ma carrière au sein du groupe, je n'ai jamais touché à mes actions. Mais aujourd'hui, puis-je en vendre un peu pour aider ma fille, qui vient de se marier, à acheter une maison ? » Xavier Fontanet, ancien P-DG d'Essilor, raconte l'anecdote dans son ouvrage Si on faisait confiance aux entrepreneurs[1] *car elle symbolise pour lui la dignité et le sens de la responsabilité que confère l'actionnariat salarié. L'esprit de responsabilité du contremaître retraité qui l'interpelle ainsi lors d'une assemblée générale de Valoptec, l'association qui regroupe une partie des salariés actionnaires du groupe, montre en effet combien la vertu du rapprochement capital-travail est beaucoup plus qu'une simple affaire d'argent. Même une fois retraité, l'ancien collaborateur et toujours fidèle actionnaire se préoccupe de savoir si la vente d'une partie de son portefeuille n'est pas de nature à fragiliser le management du groupe. De quoi conforter ce dirigeant dans ses convictions : l'actionnariat salarié transforme le management d'une entreprise en profondeur car partager la valeur actionnariale, c'est partager aussi l'aventure entrepreneuriale. C'est peut-être « la réponse la plus intelligente » à la crise que le capitalisme connaît aujourd'hui.*

1. Les Belles Lettres, 2010.

Pourtant, il faut bien le reconnaître : Essilor fait encore figure d'ovni au sein du club très fermé du Cac 40. Il s'agit de déplacer les lignes dans le saint des saints du capitalisme le plus traditionnel. Dès le départ[1], les fondateurs ont associé les cadres au capital de l'entreprise, ainsi qu'aux prises de décisions. Lorsqu'en 1972 la fusion entre Essel et le groupe Silor a donné naissance à Essilor, il a fallu convaincre les salariés de Silor de souscrire des emprunts, avec le soutien de l'entreprise, afin de pouvoir acheter des actions du groupe. À l'issue de la fusion, les salariés d'Essel détenaient 50 % du capital, ceux de Silor et Georges Lissac chacun 25 %. Avec le développement du groupe, le capital a été ouvert et la part de l'ensemble des salariés s'est stabilisée à 50 %. Leurs intérêts ont été rassemblés au sein d'une société civile qui détenait et gérait l'ensemble des parts des salariés actionnaires. Une nouvelle étape a été franchie en 1975 avec l'entrée du groupe en Bourse et l'ouverture du capital. À partir des années 1980, la possibilité d'acheter des actions a été étendue aux salariés des filiales étrangères.

Certes, en France, l'existence de l'actionnariat salarié n'a rien d'exceptionnel. Ainsi, par exemple, 98 % des salariés d'Auchan possèdent des parts de l'entreprise et détiennent 11 % du capital. Mais cela ne signifie nullement que le pouvoir est partagé comme Guy Lapalatine, délégué CFDT, avait eu l'occasion de le souligner : « ... [c'est] un outil managérial au service de l'entreprise. Nous avons 13 % du capital[2], mais zéro poids dans la gouvernance ! »

1. Essilor a été créé en 1849 lorsque des artisans lunetiers ont décidé de se regrouper pour créer l'entreprise Essel installée dans le Marais à Paris.

2. La proportion a baissé récemment du fait des déblocages autorisés par la loi.

Nombreuses sont en effet les entreprises qui ont largement développé leur actionnariat salarié. Mais la plupart de celles qui l'ont fait ne leur ont pas consenti pour autant de véritables pouvoirs.

La particularité d'Essilor est toutefois d'avoir donné à ses actionnaires salariés non seulement un statut particulier mais surtout une organisation qui a un véritable poids. En 2000, la société civile qui détenait et gérait les actions des salariés actionnaires a été remplacée par une association, Valoptec, à laquelle les salariés peuvent adhérer et qui assure à la fois leur information et leur représentation. Treize mille salariés sur les quelque cinquante mille que compte l'entreprise sont actionnaires. Ils possèdent 8,3 % du capital et disposent de plus 15 % des droits de vote et, sachant que le reste du capital est flottant, représentent ensemble le premier actionnaire du groupe. Valoptec joue un rôle clé dans la gouvernance de l'entreprise : elle regroupe la moitié des treize mille actionnaires salariés (actifs, retraités, héritiers et partenaires), 7 % des parts et environ 14 % des droits de vote. Valoptec compte six commissions dont la plus importante réfléchit à la façon d'assurer l'évolution et la pérennité du modèle. Trois de ses membres siègent au conseil d'administration du groupe et son président (actuellement, une présidente, Aïcha Mokdahi, par ailleurs directrice adjointe Europe d'Essilor) est membre des comités d'audit et de rémunérations. Inversement, la DG d'Essilor assiste au conseil de Valoptec qui se tient tous les deux mois – occasion d'échanger régulièrement et de faire remonter les préoccupations transmises par les représentants locaux. Une fois par an, les adhérents sont convoqués en assemblée générale. Le moment fort de l'année. Près d'un millier de salariés font le déplacement et autant suivent les débats à distance grâce à une liaison en multiplex accompagnée de traductions simultanées.

À l'occasion de cette AG, la direction générale d'Essilor se soumet à un vote de confiance sur la stratégie du groupe ainsi que sur sa politique RH. Autrement dit, directeur général et DRH viennent plancher devant une assemblée générale de salariés qui leur votent (ou pas) la confiance. Au cours de cette assemblée générale de salariés, tout participant peut prendre la parole et s'adresser directement aux dirigeants, voire donner son avis lors de la désignation d'un nouveau responsable. Cela s'est produit, par exemple, en avril 2008 pour la nomination d'Hubert Sagnières au poste de directeur général délégué du groupe (il deviendra P-DG en novembre 2011). Les résolutions de l'AG d'Essilor sont présentées et soumises au vote lors de l'assemblée générale de Valoptec et il ne s'agit pas d'une simple formalité. Il est arrivé que la politique RH du groupe fasse l'objet d'un vote négatif, ce qui a entraîné le départ du DRH. Pour Aïcha Mokdahi, l'actionnariat salarial et sa fédération au sein de l'association Valoptec sont un « facteur déterminant de la performance du groupe grâce à la vigilance exercée collectivement par les salariés mais aussi par les retraités et à leur engagement exceptionnel pour la pérennité de l'entreprise[1] ». Essilor a inventé une forme de gouvernance qui repose sur un principe d'équilibre entre les salariés (réunis en association) et la direction générale.

Les salariés constituent donc le premier actionnaire du groupe et tout est organisé pour qu'ils considèrent l'entre-

1. Ce chapitre doit beaucoup à la conférence d'Aïcha Mokdahi et Jean-Arnaud Thaï, « L'étonnante mécanique de la participation des salariés chez Essilor », École de Paris du management, séance du 28 juin 2012.

prise comme la leur. Et ce, quels que soient leur lieu de travail ou leur place dans l'entreprise. Ainsi, les membres du conseil d'administration étant désignés par l'AG et les Français détenant une proportion importante des parts, les salariés actionnaires étrangers ont du mal à faire partie des heureux élus. C'est la raison pour laquelle l'association réserve un ou deux sièges par grande région au sein du conseil (deux pour la France, l'Europe, les États-Unis, l'Asie et un pour le Canada – l'Amérique du Sud y fera bientôt son entrée). « Je me rappelle très précisément le jour où nous avons annoncé au personnel indien qu'il avait accès au capital, raconte Xavier Fontanet dans son ouvrage. Les gens sont montés sur les tables et ont fait une standing ovation qui a bien duré cinq minutes. Le lendemain, nous avons fait passer une caméra dans les bureaux pour recueillir les commentaires : les salariés disaient en substance qu'ils étaient désormais chez eux ! L'actionnariat salarié avait complètement changé le regard qu'ils portaient sur l'entreprise, ils avaient acquis la dignité de propriétaires, ils pouvaient désormais influencer la stratégie de l'entreprise[1]. »

Pour refléter la diversité des catégories professionnelles, le conseil de Valoptec compte aussi trois représentants des cadres, deux de la maîtrise et deux des retraités. Il est envisagé de réserver aussi un siège aux héritiers et partenaires. Sur chaque site, les actionnaires désignent des référents qui sont en lien avec les représentants de la région ou de la catégorie professionnelle correspondante. Ils font remonter les informations et les questions qui constituent le premier point à l'ordre du jour lors des conseils d'administration de l'association organisés tous les deux mois.

1. *Si on faisait confiance aux entrepreneurs, op. cit.*

Ainsi, Essilor résout la divergence des parties prenantes de l'entreprise, notamment l'intérêt des actionnaires contre celui des salariés en fusionnant partiellement les deux. Mais l'expérience va bien au-delà. Le groupe a inventé un modèle original qui repose sur un principe d'équilibre entre les salariés et la direction générale. Ce qui incite à la performance collective. De son côté, la direction générale est elle-même à l'abri de tout excès de pouvoir ou même de la tentation de jouer son intérêt propre à court terme sur le mode du dirigeant mercenaire. Long terme et équilibre sont au cœur des principes qui régissent la gouvernance du groupe et le respect de ces principes est favorisé par le partage de la propriété du capital. De là à en conclure que le système est aussi au cœur de son succès exceptionnel, chacun en jugera. Une chose est sûre : l'aventure d'Essilor suscite suffisamment d'intérêt dans le monde pour que le patron du géant chinois Huawei des télécoms fasse le voyage jusqu'à Charenton-le-Pont, au siège social du groupe, dans la banlieue parisienne, pour s'informer sur cette singulière expérience.

En cette période de crise générale du système, les partisans de l'« appropriation coopérative » ne croient pas un instant à l'affirmation de Margaret Thatcher selon laquelle « *There is no alternative to capitalism* » (« Il n'y a pas d'alternative au capitalisme »). Ils sont au contraire intimement convaincus qu'il en existe. Il y a d'autres façons de garantir performances et profits. La gouvernance à la mode d'Essilor montre que, même au sein du capitalisme mondialisé tel que nous le connaissons aujourd'hui, le partage du pouvoir n'entrave nécessairement ni l'efficacité, ni l'innovation, ni la compétitivité, et, en favorisant l'instauration d'un climat de dialogue et de confiance dans l'entreprise sur le long terme, contribue au contraire à la performance. Dès lors, pourquoi la plupart des managers et des dirigeants n'y croient-ils pas et n'envisagent-ils même pas de l'essayer ?

La longue pratique du dialogue du capitalisme rhénan

Depuis les philosophes des Lumières, nous savons qu'une organisation humaine ne peut perdurer que si les conditions de la confiance entre les acteurs sont là. La première de ces conditions est de contrebalancer le pouvoir donné à l'un par des contre-pouvoirs donnés aux autres.

Comment font ceux qui partagent vraiment le pouvoir ? La tradition du dialogue social étayée par un cadre législatif allemand devrait être l'une des sources d'inspiration. Ils ont, en effet, institutionnalisé l'équilibre entre actionnaires et salariés à travers un cadre législatif qui existe depuis soixante ans. La cogestion allemande est née dans la Ruhr dans les années 1950 pour défendre les droits des travailleurs du bassin minier et de la sidérurgie. Ce système de gouvernance d'entreprise (le *Mitbestimmung*), qui contribue, en partie, à la compétitivité industrielle du pays, se caractérise par un niveau d'association des salariés aux décisions bien plus important qu'ailleurs.

Le terme de *Mitbestimmung* est couramment traduit en français par cogestion. Toutefois, cette gouvernance n'implique pas que les représentants des salariés cogèrent à proprement parler l'entreprise, mais que certains projets reçoivent obligatoirement leur approbation (c'est pourquoi certains puristes préfèrent parler de « codétermination »). Notons que le terme cogestion agit comme un repoussoir pour beaucoup. Ce rôle actif des représentants des salariés se concrétise de deux façons : par les pouvoirs étendus des comités d'établissement (comité d'entreprise en

France, *Betriebsrat* en Allemagne) et par la place accordée aux représentants des salariés, avec voix délibératives, dans les instances dirigeantes des entreprises.

Trois régimes cohabitent outre-Rhin au sein des conseils de surveillance. Passons sur celui du charbon et de l'acier qui ne concerne plus aujourd'hui que quelques dizaines d'entreprises. Pour toutes les autres, deux textes président à leur fonctionnement selon le nombre de salariés. Depuis 1952, toute entreprise de plus de cinq cents salariés réserve un tiers des places des conseils de surveillance aux représentants des salariés, ce qui est considérable. Enfin, depuis 1976, toute entreprise de plus de deux mille salariés doit respecter une parfaite parité entre les représentants des salariés (dont obligatoirement un cadre dirigeant) et ceux des actionnaires au conseil de surveillance et au conseil d'établissement. Le président du conseil de surveillance est toujours un représentant des actionnaires et sa voix est prépondérante en cas d'égalité.

Le « directeur du travail », équivalent de notre DRH, est nommé avec l'accord du personnel. Un mécanisme étonnant pour les Français. Dans certains cas, l'employeur doit consulter le comité d'entreprise pour des décisions ayant des incidences sur ses salariés. C'est le cas pour les changements dans la répartition du capital (fusion, vente, rachat). Mais aussi dans les restructurations entraînant des licenciements, comme les plans sociaux. En l'absence d'accord, l'employeur ou le comité d'entreprise peut requérir une médiation du président de l'Agence fédérale du travail. Si celle-ci n'aboutit pas, l'un et/ou l'autre peuvent faire appel à un « bureau de conciliation » extérieur et neutre qui prend la décision finale.

Un tel régime signifie deux choses. D'abord, que les représentants des salariés sont au courant d'informations sensibles sur l'entreprise, notamment des informations stratégiques. Ensuite, qu'ils disposent d'un pouvoir considérable sur l'exécutif de l'entreprise qui doit les convaincre du bien-fondé de son action et de ses choix. Or convaincre des salariés est plus difficile que de convaincre des administrateurs « à la française » ! Autrement dit, des pairs, des alliés, souvent d'autres P-DG, choisis par affinité et pour leur capacité à apporter leur soutien en général inconditionnel lors des conseils d'administration plutôt que pour remettre en cause les options choisies par le dirigeant en place.

La codétermination a incontestablement facilité les restructurations des années 1980 puis, dans le contexte des secousses associées à la réunification, la réorganisation des chaînes de production dans les années 1990, comme le souligne le professeur René Lasserre, directeur du Centre d'information et de recherche sur l'Allemagne contemporaine (CIRAC) : « Au nom d'une productivité accrue et de la sauvegarde à long terme des emplois, les représentants salariés ont généralement accepté les réductions d'effectifs et les nouvelles formes d'organisation du travail qui en découlaient. La cogestion a certes rendu la prise de décision plus difficile en obligeant les directions des groupes à discuter et à justifier leurs choix stratégiques. Mais elle n'a généralement pas bloqué le processus, et dès lors que les dimensions sociales ont été raisonnablement prises en compte, elle a plutôt contribué à justifier le bien-fondé des projets de réorganisation, à en faire partager les objectifs et à en faciliter la mise en œuvre. »

Pour autant, ce qui nous apparaît comme un modèle bien établi et lié à la culture du pays n'est pas forcément pérenne. Face à l'ampleur des défis soulevés par la réunification et dans un contexte où la concurrence internationale se fait de plus en plus vive, le patronat allemand commence à contester le modèle établi. Notamment dans l'industrie. Au moment de la mise en place de l'Agenda 2010 que le chancelier Gerhard Schröder avait instauré au début des années 2000, la pression monte pour s'en débarrasser. Principal grief : ce système, unique en son genre en Europe, complique et retarde les choix stratégiques de l'entreprise et handicape sa réactivité dans la compétition mondiale. La tentation de la toute-puissance, de disposer de l'ensemble des manettes sans avoir à convaincre l'ensemble des parties mais en ne s'occupant que de l'une d'elles reste attrayante.

En outre, certains épisodes, comme l'affaire qui a secoué Volkswagen en 2005[1], confortent ceux qui se plaisaient à souligner les ambivalences d'un système qui, sous couvert de démocratie, ne garantirait ni transparence ni efficacité.

La plupart de ces réticences seront balayées – du moins largement désamorcées – par l'union sacrée formée par

1. L'été 2005, un énorme scandale de corruption a éclaté mettant en cause un certain nombre de dirigeants de VW, en particulier l'emblématique DRH du groupe, Peter Hartz, qui a donné son nom aux lois successives de réforme du marché du travail, notamment de son volet très impopulaire sur la réduction des allocations chômage (Hartz IV) du début de la décennie 2000. Il s'agissait d'une vaste affaire de fraude et de pots-de-vin dans laquelle la collusion dirigeants de VW-dirigeants syndicaux a été révélée, les premiers mettant en toute opacité un budget à la disposition des dirigeants du CE pour s'attirer ses bonnes grâces (on a parlé de 2,5 millions de dollars de pots-de-vin en neuf ans). Il a été prouvé que ce budget a été utilisé pour financer des voyages d'agrément, des restaurants, des prostituées… Hartz a dû démissionner et n'a échappé à la prison qu'en échange de ses aveux, mais le patron du CE a fait de la prison ferme. L'affaire a terni le prestige du modèle social allemand et apporté de l'eau au moulin des membres du patronat hostile à la cogestion.

patronat et syndicats dès les premiers mois de la crise de 2008. Ainsi, le 16 janvier 2009, les DRH de vingt-sept des plus grandes entreprises allemandes (Audi, Daimler, Siemens, Bosch, E.ON, RWE, Trumpf, etc.) cosignent un texte intitulé « Maîtriser la crise, maintenir l'emploi » et s'engagent à mener une « politique de gestion du personnel responsable » face à la crise. Et, initiative évidemment improbable en France, les syndicats réajustent aussitôt leurs revendications en signant des accords sur la sécurité de l'emploi contre le gel des salaires. Gerold Frick, directeur de l'Association allemande pour la gestion des ressources humaines (Deutsche Gesellschaft für Personalführung) dont les DRH signataires sont membres, confie à l'époque que cet engagement collectif répondait à la crainte de voir les entreprises « rééditer les erreurs commises lors des crises précédentes en licenciant trop de salariés et trop rapidement avant d'avoir épuisé toutes les mesures de flexibilité du temps de travail ». Avant d'ajouter : « Aucune entreprise n'imagine vendre ses machines pour réagir à une chute de ses ventes alors qu'elle pense souvent à son personnel comme variable d'ajustement [...] ; nous appelons les entreprises à mener une politique de gestion du personnel stratégique tournée vers le long terme. »

Quant aux syndicats, ils ont assez vite adapté leurs revendications aux contraintes de la crise, s'associant au patronat pour obtenir du gouvernement l'élargissement du cadre des mesures de chômage partiel. Grâce à ces mesures, le chômage n'a que peu augmenté et quelque un million et demi de salariés ont conservé leur emploi. Les entreprises ont ainsi pu profiter de la reprise économique dès 2010.

En France, un pays volontiers critique envers le reste du monde, on pointe les contreparties sociales qui ont dû être concédées. De fait, la flexibilité qui a suivi les quatre fameuses réformes Hartz votées entre 2002 et 2005 a aussi réduit les indemnités chômage. Ce qui a contraint les chômeurs à accepter très vite les offres qui leur sont faites, y compris en intérim ou à temps partiel. Ces réformes ont eu pour conséquence d'augmenter la part de la population sous le seuil de pauvreté (16 % en 2011, contre 14 % en France). Reste qu'il est plus facile à un pays riche de se montrer à nouveau généreux pour garantir la cohésion de son modèle social, qu'à un pays qui s'appauvrit et qui a fait le choix du chômage de retrouver sa compétitivité.

12.

Le grand écart des dirigeants

Qu'est-ce qu'un dirigeant sinon un ex-manager qui a réussi plus vite et mieux que les autres ? Une chose est sûre : tous ont en commun d'avoir fait de leur vie professionnelle *la* priorité. Parfois jusqu'à l'épuisement. Ce modèle où ceux qui sont en haut de la hiérarchie travaillent beaucoup plus que ceux qui sont en bas est récent dans l'histoire de l'humanité. Pendant des millénaires, la base a beaucoup plus trimé que le sommet. Nos dirigeants d'aujourd'hui se vantent volontiers de faire deux fois les trente-cinq heures légales. Il n'est d'ailleurs pas neutre que le législateur se soit abstenu de fixer une limitation à ses horaires de travail. Pas de week-end, peu de vacances, rester disponibles et toujours préoccupés par leur mission, telle est la règle. Le prix à payer pour atteindre un haut niveau de responsabilité.

En fait, ils aiment tellement travailler qu'il est souvent difficile de les décider à s'arrêter. Sans limite d'âge, les dirigeants resteraient aux commandes et dans les conseils d'administration *ad vitam aeternam,* tels des académiciens de l'entreprise ! Dopés par le pouvoir, se donnant à fond, impliqués au-delà du raisonnable et confondant allégrement leur performance avec leur valeur personnelle, ils deviennent ainsi dépendants au travail. Avec, comme première conséquence, le risque de manquer de recul et surtout de s'épuiser. Tous les dirigeants reconnaissent être en surrégime et admettent se sentir fatigués.

Dans son dernier ouvrage[1], le prix Nobel d'économie Daniel Kahneman, un psychologue de formation qui fut distingué pour avoir introduit les acquis de la recherche en psychologie dans les sciences économiques, en particulier en ce qui concerne la prise de décision dans un contexte d'incertitude, développe l'hypothèse que notre façon de penser est régie par deux systèmes : le « système 1 », rapide, intuitif et émotionnel, et le « système 2 », plus lent, plus réfléchi, plus contrôlé et plus logique. À partir de nombreux exemples et expériences, il montre qu'en cas de fatigue nous utilisons plus volontiers notre « système 1 » que notre « système 2 », autrement dit nos émotions et nos intuitions, pour fonder nos jugements et nos choix. Par exemple, des juges de mise en liberté provisoire accordent 30 % de plus de liberté après avoir fait une pause. Simplement parce que accorder une liberté provisoire exige un effort supplémentaire de réflexion et d'évaluation du risque, donc de mobiliser leur « système 2 ». Ce qu'ils font moins aisément en fin de matinée lorsqu'ils sont fatigués. Si les dirigeants réagissent de la même manière, cela signifie que, notamment du fait de leur fatigue, ils sont bien plus souvent dans l'émotionnel que dans le rationnel, ce qui a des prolongements pratiques immédiats sur leurs comportements et leurs prises de décision.

1. Daniel Kahneman, *Système 1, système 2 : les deux vitesses de la pensée*, Flammarion, 2012.

Conscients des limites du système

Ceux qui le dirigent sont les premiers à voir les limites du système. Ils savent que la financiarisation sans limites de l'économie détruit peu à peu les entreprises. Ils connaissent les manipulations nécessaires pour produire du résultat à court terme aux dépens de la santé à long terme de l'entreprise : ils en sont les principaux acteurs. Lorsqu'ils s'en inquiètent, ils deviennent suspects et le paient parfois de leur poste. Denis Hennequin en a fait l'amère expérience à la tête d'Accor.

Tous se sont trouvés à un moment ou à un autre en situation d'assumer l'absurdité du système pour continuer à faire bonne figure et à maintenir leur autorité.

Dès lors, il n'y a guère que deux attitudes possibles. La première consiste à tirer le meilleur parti de la situation pour eux-mêmes en jouant au mieux avec les règles du jeu. D'abord gérer avant tout son image personnelle, ensuite ne jamais rester à un poste plus de deux ou trois ans, enfin faire très tôt une carrière internationale. Repérés par les cabinets de chasseurs de têtes, auxquels ils renverront bientôt l'ascenseur en leur confiant de lucratives missions, ils peaufinent leur réputation dans leur domaine et passent d'une entreprise à l'autre. Entre-temps, ils sont devenus de véritables virtuoses des organisations matricielles. Ils comprennent instinctivement où se prennent les décisions importantes et se mettent en valeur auprès de qui il faut. Spécialistes des jeux politiques, ils savent à qui et comment plaire (ou ne pas déplaire). L'enjeu est d'arriver vite à un poste de supervision sans responsabilité opérationnelle. Leur rôle est alors de contrôler et de répercuter une forte pression vers le bas, sans oublier de se valoriser vis-à-vis du haut. Seul compte le court terme. Peu importe l'avenir. Ce qui se joue n'est pas l'effet de leurs décisions pour le bien de l'entreprise mais comment est perçue leur action dans le présent. Ils sont dans une fuite en avant. Sautant d'un job à l'autre en veillant à être perçus comme efficaces et énergiques.

Ajoutons la dimension internationale, passeport en poche, toujours entre deux avions. Au gré de leurs affectations dans différents pays, ils perdent leur attachement à la terre natale. Ils sont avant tout attachés à eux-mêmes et à la fortune qu'ils cherchent à amasser le plus vite possible. La combinaison de rémunérations importantes, de divers compléments de salaires (primes, stock-options, etc.) et d'une optimisation fiscale inventive leur permet d'accumuler un pécule qui les met à l'abri du besoin pour le reste de leurs jours.

Dépendants du système, ils ont appris à le craindre. Peur de perdre ce qu'ils ont, peur de voir leur image se dégrader, peur que le pouvoir ne leur échappe. Pour la canaliser, ils s'appuient sur l'organisation et les moyens de contrôle qu'elle leur donne. Mais surtout, ils répercutent cette peur sur leurs équipes. Ils usent volontiers des rapports de force et de la menace implicite. Plus ils ont peur, plus ils font semblant d'être sûrs d'eux. Tranchants dans les décisions qu'ils prennent, la crainte qu'ils inspirent est palpable. Qui n'a pas eu l'occasion d'observer une filiale nationale se préparer à la venue du directeur régional d'un grand groupe ne peut imaginer la tension qu'elle provoque. Tout est prévu, minuté, anticipé en fonction de ce que l'on suppose être les goûts du visiteur. La filiale s'arrête littéralement de fonctionner pour se mettre entièrement au service du boss. Comme si, chaque fois, le patron local et les principaux membres de son équipe jouaient leur tête (ce qui est d'ailleurs parfois le cas).

Lorsque ces dirigeants sont interpellés sur les limites de ce modèle capitaliste, ils répondent en général en évoquant les fameuses vertus de la compétition qui poussent à l'excellence. La finance ne serait que l'aiguillon qui réveille et stimule les belles endormies. Puis ils avancent le refrain bien connu du pire système à l'exclusion de tous les autres. Jusqu'où y croient-ils ?

Comment jouer les amortisseurs

L'autre catégorie de dirigeants est composée de ceux qui malgré tout croient à ce qu'ils font et continuent de vouloir faire œuvre utile. « Il y a un moment où ça n'est plus tenable ! » Celui qui s'exprime ainsi dirige la filiale d'un grand groupe international. Celui-ci est profitable et en croissance. Sa filiale en est l'un des fleurons. Mais le P-DG a décidé le gel de tous les recrutements. L'intention part d'un bon sentiment : il s'agit de corriger la tendance à recruter à l'extérieur alors qu'en interne des branches sont en restructuration et qu'il il faut trouver de nouveaux emplois aux salariés dont le poste actuel est menacé. Reste que si le principe fait sens, dans la réalité, la mise en œuvre s'avère plus théorique que réaliste. Sans recrutement, comment continuer à croître sinon en demandant plus d'efforts aux équipes en place ? Et au nom de quoi, sinon pour augmenter encore les résultats ?

Si ces dirigeants sont en proie au doute, c'est souvent parce qu'ils ont été témoins (et parfois acteurs) des ravages des plans de licenciements dont la seule finalité est de doper le cours boursier. Ils ont subi les budgets de recherche et développement réduits pour faire plus de profit à court terme. Ils ont eux-mêmes imaginé des plans d'économies de toutes sortes, des réorganisations à la chaîne. Et ils en savent les effets sur les équipes. Les plus lucides ont constaté aussi combien certains statu quo managériaux ont conduit à mettre des équipes en situation d'échec puis à les licencier. Parfois même, ils reconnaissent leur part de responsabilité et en conservent une certaine culpabilité.

Forts de leurs convictions et dès qu'ils le peuvent, ils font entendre leur voix. Et souvent ils obtiennent des concessions qui atténuent la stricte logique financière des décisions et de leurs conséquences souvent brutales. Jusqu'à ce qu'on leur rappelle qu'ils sont avant tout au service de l'actionnaire ; insister les mettrait en danger. Certains sont suffisamment libres pour jouer des rapports de force et gagner du temps, du répit pour leurs équipes. D'autres se résignent. Cela ne les empêche pas de faire ce qu'ils peuvent pour rester humains tout en sachant qu'ils sont au service d'un système qui l'est de moins en moins.

Tout dirigeant ayant le sens de son utilité trouve des satisfactions dans les effets positifs de son action, effets qui permettent, dans les périodes fastes, de développer l'activité. Pour autant, chacun reconnaît qu'il s'avère de plus en plus difficile de gérer une entreprise, notamment de résoudre l'équation des grandes contradictions qui la traversent.

Que ce soit le dirigeant autocentré et cynique ou l'altruiste idéaliste, l'un et l'autre ont la conviction que plus on leur donne de pouvoir, plus ils sont capables de produire de l'efficacité. C'est la limitation de leur pouvoir qui serait de nature à paralyser l'organisation. Persuadés que leur vision est la bonne, ils se méfient des palabres. Tout contre-pouvoir est un frein à l'agilité et à la rapidité de prise de décision indissociable pour eux de la compétitivité. Contester cette conviction relève au mieux d'une vision idéaliste de doux rêveur bien loin des réalités.

Une base qui ne veut pas de pouvoir

Il n'y a pas que ceux qui ont le pouvoir qui ne veulent pas le partager, il y a aussi ceux qui ne l'ont pas et n'en veulent pas. L'histoire se passe dans un grand groupe français. Le président, soucieux de diffuser le constat sur l'évolution d'une activité fait intervenir devant les partenaires sociaux des experts qui montrent que l'une des activités du groupe est en déclin partout. Ayant partagé le diagnostic, la parole est donnée aux syndicats. Leur discours est simple : « Ce n'est pas notre problème, c'est celui de la direction. » Pour beaucoup, il est plus facile de rester dans une posture de victime qui conteste le système que dans une attitude partenaire qui le fait évoluer. Partager le pouvoir c'est aussi partager les responsabilités et il n'y a pas que le management et les dirigeants qui n'y sont pas prêts.

13.

L'équilibre coopératif, Mondragon

« Nous accueillons de nombreux visiteurs venus de tous les pays et certains d'entre eux se plaisent à imaginer que l'histoire de notre entreprise ressemble à un conte de fées. Mais notre histoire n'a rien d'un conte de fées. Comme tous nos concurrents, nous sommes immergés dans la compétition internationale, nous avons l'obligation d'être compétitifs, d'offrir des produits de qualité à nos clients et de faire des profits. La seule différence porte sur la manière dont nous faisons les choses et pourquoi nous les faisons. » Celui qui parle ainsi depuis son bureau modestement décoré mais agrémenté d'une vue imprenable sur la montagne basque est Txema Gisasola, cinquante et un ans, le président de Mondragon.

Plus que jamais, la coopérative la plus célèbre du monde est portée aux nues. « Une oasis dans le désert capitaliste » si l'on en croit l'économiste américain Richard D. Wolff, professeur émérite à l'université du Massachusetts[1]*, érigée en modèle de ce capitalisme équilibré que chacun appelle de ses vœux après les excès récents. Comme si tous les chemins de sortie de crise passaient forcément par le Pays basque. Il faut dire que si l'entreprise a encaissé la crise comme tout le monde, elle a montré au cours des dernières années sa capacité à préserver l'emploi.*

1. Richard D. Wolff, « Oui, il existe une alternative au capitalisme : Mondragon montre le chemin », *The Guardian*, 24 juin 2012.

Célébrée pour sa créativité, Mondragon a décroché en 2013 le trophée Boldness in Business (« de l'audace dans les affaires »), décerné chaque année par le quotidien des affaires britannique, le Financial Times, *dans la catégorie Drivers of Change (« promoteurs de changement ») pour son modèle entrepreneurial Humanity at work (« l'humain au travail ») « fondé sur la coopération, le travail collectif, la solidarité et la participation des personnes au travail », succédant ainsi à Fiat, Apple et Amazon. L'engouement pour la coopérative est tel que dans son dernier roman, un célèbre auteur de science-fiction américain, Kim Stanley Robinson, a baptisé « Protocole Mondragon » le système qui aura, en 2312, supplanté le capitalisme dans l'organisation économique du système solaire*[1] *!*

Installé au Pays basque, Mondragon est souvent considéré comme l'exemple le plus réussi d'une entreprise coopérative, autrement dit une entreprise dont les salariés sont aussi les actionnaires.

Mondragon emploie aujourd'hui plus de quatre-vingt mille personnes dans un groupe intégré présent dans la finance, l'industrie et la grande distribution et compte deux cent cinquante-huit entités, filiales et autres structures associées (cent neuf coopératives, cent vingt-cinq filiales et vingt-quatre structures support) avec un chiffre d'affaires de 13 milliards d'euros en 2012. C'est un modèle fondé sur quatre valeurs considérées par les statuts comme fondamentales (coopération, participation, responsabilité sociale et innovation) et résumé dans le logo de la firme : « l'humain au travail ». À travers un réseau de structures innovantes, cette philosophie est mise en pratique sur le principe du *bottom-up* (de la base vers le haut) une sorte de conglomérat à l'envers.

1. Dans son roman *2312* paru en 2012 aux éditions Orbit.

Mondragon a été fondé par cinq jeunes inspirés et guidés par le père José María Arizmendiarrieta installé à Mondragon en 1941 sous Franco. Convaincu des vertus essentielles de l'éducation, le père José crée une école en 1943, fondée sur de nouvelles méthodes éducatives pour enfants et adultes et il y associe les gens sur place. Il est bientôt suivi par un groupe de jeunes « disciples » acquis à sa philosophie et à ses méthodes. Arizmendiarrieta va devenir un représentant influent de la doctrine sociale de l'Église, laquelle critique notamment les pratiques du capitalisme, milite pour moins de hiérarchie, davantage de coopération. Son projet constitue en outre le moyen de créer emplois et revenus dans une région épuisée par la guerre, le franquisme et l'abandon par les autorités nationales. Cette aventure verra le jour autour de quatre éléments : les besoins criants d'éducation, un niveau élevé de chômage et de pauvreté, de fortes inégalités et un engagement humaniste...

Dès 1950, inspirée par l'Église, fortifiée par l'opposition au franquisme et cimentée par l'identité basque, la constellation qu'est la coopérative Mondragon tire son originalité des liens tissés dans les campagnes par des générations de paysans désireux de vivre et de travailler au pays. Le groupe va se développer dans les années 1960 et plus encore dans les années 1970. Une banque coopérative voit le jour en 1959, puis une structure dédiée à l'assurance et à la sécurité sociale, puis une chaîne de supermarchés, puis des entités de R & D, etc. Et, bien sûr, parallèlement, de nombreuses structures de production dans des domaines variés : machines-outils, mécanique, équipements industriels et autres... Initialement implantées dans les vallées de la région, les coopératives furent repensées dans les années 1970 sur la base de critères sectoriels en se spécialisant dans des domaines spécifiques pour améliorer leur professionnalisme. Le système est indissociable des écoles de la région. « Pour démocratiser le pouvoir, il faut socialiser le savoir » : c'est à partir de ce précepte que José Maria Arizmendiarrieta a créé à Mondragon, après la guerre civile, une école de formation professionnelle mécanique et électrique. Elle s'est épanouie sur le terreau des petits métiers de précision très répandus dans la région. Une première coopérative en est sortie, puis des instituts techniques et une université polytechnique ont pris le relais.

L'innovation clé, c'est bien sûr la détention du capital par l'ensemble des salariés, détention qui, à l'époque, est une vraie révolution et va faire office de ciment pour unir le réseau d'entreprises qui composent cette galaxie originale. La règle « un homme, une voix » constitue le socle de la démocratie d'entreprise. Chaque personne qui travaille dans le groupe partage des droits de propriété qui lui permettent de participer à l'organisation, à la gouvernance et à la répartition des richesses créées. Le partenariat est ouvert à toute personne qui accepte les principes de base, sans discrimination possible, quelle qu'elle soit. Chez Mondragon, le capital est subordonné au… travail. C'est un outil utilisé pour atteindre les objectifs définis ensemble. Mais droits de propriété signifient aussi devoir de responsabilité : la reconnaissance que, bien que le capital soit subordonné au travail, il constitue l'instrument indispensable du développement.

Une telle organisation signifie que les leaders ont des comptes à rendre à l'ensemble des membres du partnership. Les instances de gouvernance fonctionnent d'ailleurs sur le principe de la démocratie (un membre, une voix). On y pratique la participation au management, l'écrasement de la hiérarchie, la création de structures flexibles destinées à organiser la participation des salariés aux prises de décision et la formation du management à différents niveaux dans le but de rendre cette participation effective et aussi large que possible. On y pratique aussi la solidarité salariale : l'écart entre les salaires est limité à une échelle de 1 à 12.

Les copropriétaires ont un droit de regard sur la gouvernance du groupe et sur la répartition de ses profits. En matière de gouvernance, ils participent au sein des instances démocratiques aux décisions sur les règles qui régissent l'entreprise, sa politique et sa stratégie. Ils exercent leurs droits au sein de l'assemblée générale de la coopérative, instance suprême qui se réunit au moins une fois par an. Ils élisent les membres du conseil d'administration (le *governing council*) qui, à son tour, nomme le patron et contrôle les nominations des membres du comité exécutif. Ce schéma d'organisation se répète au niveau de chaque division. Les copropriétaires ont aussi droit à une part des profits annuels distribués en proportion de leurs salaires.

Mais les salariés propriétaires ont aussi des devoirs. Et d'abord celui d'accepter d'exercer différents rôles dans l'entreprise, de respecter l'expertise et de « jouer selon les règles », lesquelles peuvent être régulièrement débattues et amendées mais doivent être appliquées dès lors qu'elles sont en vigueur. Cet équilibre entre droits et responsabilités facilite la participation aux décisions opérationnelles dans de bonnes conditions. La transparence de l'information en est une des clés (concrètement, chaque copropriétaire peut à tout moment demander à voir les comptes financiers de l'entreprise). Tous les copropriétaires participent à deux réunions par mois, l'une avec son coordinateur, l'autre avec le représentant de son conseil social, au cours desquelles les informations (financières, sociales...) sont abordées, y compris celles qui concernent le groupe dans son ensemble. Les informations circulent ensuite dans les deux sens. Par ailleurs, Mondragon travaille sans relâche à la réduction des niveaux hiérarchiques et au développement d'équipes capables de s'autogérer.

On se donne pour objectif de préserver plusieurs types d'équilibre : entre le business et le social ; entre les copropriétaires et les salariés ; entre le collectif et l'individuel ; l'unité de production et le global ; le principe d'autonomie et le principe de délégation.

Gardons-nous de voir dans cette aventure exceptionnelle un modèle universel facilement reproductible. Mondragon n'arrive d'ailleurs pas toujours à le faire vivre au sein de son propre groupe. Alors qu'aujourd'hui, la croissance se fait en grande partie de manière externe, la plupart des entreprises rachetées sont restées de simples filiales avec des salariés[1]. La greffe du cadre coopératif, très ancré dans le tissu social et politique local, ne prend pas si facilement ailleurs. Notons d'ailleurs que lorsque Moulinex était en difficulté, la proposition de reprise par Mondragon avait été refusée par les syndicalistes français (parce que les syndicats n'existent pas chez Mondragon ?). Une curieuse attitude en tout cas.

1. Parfois en grande difficulté comme Fagor.

14.

Managers au bord de la crise de nerfs

Amélie n'en peut plus. C'est la troisième réunion destinée à améliorer le fonctionnement du service et on tourne en rond. On lui a imposé de faire ces réunions avec son équipe et, depuis, elle a l'impression d'avoir ouvert la boîte de Pandore de revendications de toutes sortes. Chacun tourne en boucle sur ses préoccupations personnelles et rien n'avance. Ces nouvelles méthodes participatives la laissent pour le moins dubitative : pendant ce temps-là, le business n'avance pas ! Si on l'écoutait, on reviendrait aux bonnes vieilles méthodes qui ont fait leurs preuves : le chef décide et les autres suivent, et ceux qui ne sont pas d'accord...

Dans l'entreprise comme ailleurs, l'équilibre des pouvoirs est une condition pour qu'existe la confiance. Le refuser c'est ouvrir la porte de la suspicion, de tensions inutiles, de blocages, de refus de changement. Pourtant, ce partage du pouvoir, et plus encore de la propriété, et cet équilibre entre actionnaires et salariés, orchestré par le management paraît irréalisable en France particulièrement. Ne revenons pas sur la posture de l'actionnaire : chaque retraité américain, à travers les fonds de pension, a adopté la position de Milton Friedman. L'entreprise est un support comme un autre pour obtenir la meilleure rentabilité. Pas question de partager quoi que ce soit !

La situation des managers est bien différente. Les salariés, ils les connaissent pour les fréquenter au quotidien. L'entreprise, la plupart y sont attachés. Comment se fait-il qu'ils ne cherchent pas en général – il y a toujours des exceptions – à créer les conditions d'une ambiance apaisée et favorable à un climat de confiance ?

On ne peut comprendre ce paradoxe qu'en décrivant leur situation au quotidien.

La crise a conduit les entreprises à réduire leurs dépenses. En pratique, les efforts se sont concentrés sur les parties non directement productives, c'est-à-dire sur les postes fonctionnels. Ainsi avons-nous assisté à une réduction substantielle du nombre d'emplois de RH et de différentes fonctions dites support. Reste que la plupart des collaborateurs qui composaient ces équipes remplissaient certaines tâches. Il a donc fallu les reporter sur d'autres, en l'occurrence les managers. C'est ainsi que nombre d'entre eux se retrouvent aujourd'hui à s'occuper de la gestion de carrière ou du suivi des congés et de bien d'autres choses en plus de leur vraie mission. En revanche, ce qu'ils ne font plus, parce qu'ils n'en trouvent plus le temps, c'est évidemment du management ! Ce difficile métier de diriger les autres, de les comprendre, de les suivre, les influencer.

Dès qu'une organisation n'est plus dirigée, les tensions apparaissent et l'efficacité collective baisse. Conscients de cette situation, la plupart des responsables ne restent pas sans réagir. Ils font en général rédiger une belle charte de management, sorte de guide censé répertorier et décrire tout ce qui doit être exécuté. Pour ne pas être pris en défaut, les rédacteurs de ce type de document ont à cœur d'être exhaustifs. En somme, le manager doit tout gérer, depuis le recrutement jusqu'au développement de ses collaborateurs en passant par leur mobilité et leur motivation. Il est aussi invité à se montrer à la fois créatif et visionnaire, et évidemment manifester son leadership pour créer de l'adhésion. Tout cela en étant lui-même exemplaire sur le plan du comportement !

Bref, comme les chefs n'ont plus de temps, on leur construit un référentiel qui leur rappelle tout ce qu'ils ont à accomplir même si on sait parfaitement que c'est irréaliste. La première vertu de ce type de document est de permettre aux dirigeants de se déculpabiliser : ils ont dit ce qu'il fallait faire et si les managers ne le font pas, c'est qu'ils ne sont pas bons. D'ailleurs, pour le vérifier, on généralise l'usage des évaluations à 360° basées sur une charte adoptée souvent sans concertation. Rappelons qu'il s'agit d'une forme d'évaluation des responsables réalisé par leur entourage, y compris leurs collaborateurs sur la base d'un questionnaire qui reprend les comportements qu'ils devraient adopter pour remplir leur tâche.

Les points sur lesquels les managers n'ont pas obtenu de bonnes notes deviendront des « objectifs » d'amélioration pour lesquels on déploie des « programmes » de formation ou du coaching. Tout cela ne fait qu'ajouter de la pression. Soit ils renoncent à cette fonction pour retourner vers l'expertise, soit ils compensent le manque de temps en empiétant largement sur leur temps personnel.

En effet, un manager n'a, par définition, jamais le temps de faire tout ce qu'il a à faire. Mais grâce aux nouvelles technologies, il peut travailler à tout moment. Des transports en commun le matin pour se rendre au travail à son lit le soir avant de s'endormir, il peut consulter ses mails, rattraper un peu de ce retard structurel. Beaucoup se font piéger par ce système et gardent un fond de mauvaise conscience dès qu'ils cessent de travailler ou de penser au travail.

Bilan ? Le manager est donc piégé entre ce qu'il doit produire pour la technostructure et ce qu'il devrait faire pour ses collaborateurs. Il est dans l'impasse.

La quête de la perfection

Cette évaluation à 360° repose sur une dimension comportementale. En théorie, rien là que de très normal : le principal objectif de la fonction managériale est de « faire faire ».

C'est dans la pratique que le bât blesse. Car personne ne sait réellement définir un comportement utile et encore moins comment l'évaluer. Cela donne ce genre d'échanges entre un manager et son chef qui l'évalue :

« Sur le comportement d'équipe, je t'ai mis une note moyenne.

– Ah bon ! pourquoi ?

– Il y en a qui trouvent que tu n'es pas toujours disponible.

– Ah bon ! qui ?

– Je ne peux pas te le dire.

– Mais ça veut dire que je dois être disponible en permanence pour tout le monde ?

– Non, non bien sûr, mais quand même, il faut être disponible pour les autres.

– Je ne suis pas sûr de bien comprendre ce que tu attends de moi.

– C'est simple, que tu travailles en équipe.

– Justement, j'ai vraiment l'impression de le faire.

– Oui mais il y en a qui trouvent que tu n'es pas disponible… »

Ce type de dialogue de sourds peut durer longtemps et risque plus d'accentuer l'impression de malentendu entre les protagonistes que d'aider le manager à comprendre sur quoi il aurait à faire des progrès.

S'il est essentiel que les comportements entrent en ligne de compte dans l'évaluation, encore faut-il préciser lesquels et en limiter le nombre. Bien souvent, ils figurent dans des listes qui comprennent plus de trente items Ils ne sont pas définis en fonction d'un effet précis attendu en fonction des objectifs de l'entreprise. Ils sont listés par rapport à un modèle idéal jamais rencontré dans la vraie vie, mais dont on a fait l'hypothèse qu'il serait performant. Personne ne coche toutes les cases. D'autant qu'il arrive que certaines propositions soient contradictoires les unes avec les autres. Il n'est pas rare, par exemple, de trouver dans la liste à la fois l'esprit d'équipe… et le sens des priorités. Il s'agit même d'un grand classique. Or, chacun le sait, celui qui opte pour ses priorités a de fortes chances de manquer de disponibilité pour les autres. À l'inverse, on pourra reprocher à celui qui est très disponible d'être dispersé.

L'évaluation des comportements est en outre compliquée par le fait qu'ils sont la plupart du temps nommés mais rarement décrits. Chacun peut donc en interpréter le sens selon son expérience. Qu'est-ce que l'esprit d'équipe ? L'un qui se montrera toujours de bonne humeur avec ses collègues pourra considérer qu'il répond au comportement attendu en matière d'esprit d'équipe. Alors que pour son chef, cela repose avant tout sur le partage de l'information. Pour éviter ce risque, dans certaines entreprises américaines, on décrit par le menu ce que signifie un comportement. Chacun d'entre eux est décliné en une liste de « manières de faire » définies avec une extrême précision. Hélas ce n'est pas mieux. Car cela relève alors d'un formatage qui ne laisse aucun espace de réflexion et de marge de manœuvre aux acteurs. Autant dire que de telles pratiques provoquent de violentes réactions de rejet, notamment dans les pays latins.

Les responsables peuvent alors avoir le sentiment qu'on leur demande d'atteindre un modèle idéalisé. Modèle désincarné, dont on cherche en vain des exemples chez les dirigeants. Autre forme de pression qui passe par une remise en cause subjective (communément appelée « note de gueule »). Sans compter qu'ils ne trouvent aucune aide auprès de leur propre management pour changer ou faire évoluer leurs comportements.

S'occuper des autres quand on n'a plus le temps de s'occuper de soi ?

Charité bien ordonnée commence par soi-même, sauf… pour le manager. Censé gérer son propre stress, il doit aussi gérer celui de ses équipes. D'ailleurs, signe des temps, la plupart des entreprises intègrent désormais à leur catalogue de formation le thème « stress et management ». Cette formation est parfois obligatoire, signifiant à tous qu'on les attend aussi sur ce terrain-là. En somme, le dirigeant doit mettre la pression sur les résultats, ne jamais fléchir sur la réduction des moyens tout en étant responsable du stress vécu par ses équipes. Cela fait beaucoup !

D'ailleurs, jamais les managers n'ont eu autant le sentiment d'être pris entre le marteau et l'enclume. Leur statut leur impose de mettre en œuvre la multitude des contraintes produites par le système et en même temps de veiller à neutraliser les conséquences de ces contraintes. Rien d'étonnant à ce qu'ils soient devenus les premiers clients des programmes antistress ! Difficile en effet pour eux d'adopter la posture défensive de certains collaborateurs démotivés qui considèrent qu'en en faisant le minimum, ils en font encore bien assez. Ces dirigeants sont guettés sur leur état d'esprit.

Mais qui prend soin d'eux ? Leur hiérarchie ? Selon les niveaux ou les entreprises, on parlera de « managers de managers » ou de dirigeants. Ce rôle d'encadrement est mal défini (sinon qu'il se limite souvent à la consolidation des résultats de plusieurs entités) et les compétences, là encore, sont peu claires. En pratique, il consiste principalement à suivre des indicateurs de performance et, dès qu'ils commencent à déraper, à mettre la pression. Bref, un manager se sent rarement soutenu par son propre chef !

Alors vers qui se tourner ? Faire front avec ses collaborateurs pour convenir avec eux de la dérive d'un système qui dérape en demandant toujours plus sans s'en donner les moyens ? La solution est risquée. Mieux vaut rester dans le non-dit.

« L'enfer c'est les autres » : la formule de Sartre pourrait être reprise par bien des cadres qui supportent de plus en plus mal d'avoir à ferrailler des deux côtés à la fois, celui des contraintes et des obligations de résultats et en même temps celui du respect des salariés.

Il leur reste donc à trouver un minimum de sens à ce qu'ils font, à croire au moins un peu à leur mission et à son utilité. Certains adhèrent sans restriction au système en espérant être payés de retour. C'est au prix d'un surinvestissement en temps et en énergie très coûteux tant pour la vie personnelle que pour l'équilibre affectif des intéressés.

D'autres entrent dans une routine qui leur permet juste de survivre en attendant la retraite.

C'est pourquoi, ils demeurent plus que tout attachés à leur statut et à leur position hiérarchique, derniers attributs un tant soit peu valorisants. Partir de temps en temps en séminaire, se sentir membre d'un groupe ayant quelques avantages par rapport au salarié de base, disposer d'une information avant les autres, participer à différentes réunions, autrement dit se sentir « au-dessus ». Qu'on ne vienne pas leur parler d'équilibre, d'expression du collaborateur ou de réduire les niveaux hiérarchiques !

Avec tout ce qu'on leur demande, qu'on leur laisse au moins cette impression d'avoir été distingués, d'avoir un semblant de prestige et l'illusion de privilèges.

15.

Faire converger tous les acteurs, les B Corps

« Je suis aux anges que Ben & Jerry's devienne une B Corp. Bravo à tous ceux qui, dans l'entreprise, ont permis que cela soit possible ! » Jerry a du mal à cacher son émotion. Vingt-cinq ans après avoir ouvert avec Ben leur première boutique de glace dans une vieille station-service désaffectée du Vermont, c'est comme si une boucle venait de se boucler. Le glacier, qui fut à la fin des années 1970 un des pionniers de la responsabilité sociale dans l'entreprise, devient en cette journée d'été indien 2012 la première filiale d'un grand groupe coté à être certifiée B Corp. Autrement dit à se doter d'une structure juridique qui reconnaît officiellement que sa raison d'être ne se résume pas à faire du profit pour ses actionnaires mais à servir les intérêts de l'ensemble de ses partenaires (salariés, clients, fournisseurs, environnement) et au développement durable.

Juste retour des choses. Dès sa création, en 1978, le duo est fier de mettre à l'honneur les valeurs qui lui tiennent à cœur : partenariat avec des fournisseurs d'un (bon) lait bio garanti sans hormone de croissance, fabrication d'emballage respectueux de l'environnement, participation au développement économique de la région, intégration des personnes en difficulté et versement de 7,5 % du chiffre d'affaires à des œuvres caritatives. Mais la gestion financière de l'entreprise est moins performante : en 2000, elle est en mauvaise posture et bientôt convoitée par Unilever. Ben & Jerry résistent pour continuer à se développer selon leurs valeurs. La Cour suprême des États-Unis les contraint pourtant à accepter l'offre d'achat d'Unilever au motif qu'ils sont dans l'incapacité de démontrer que leur modèle pourra générer autant de valeur que les 326 millions de dollars proposés par la multinationale. La loi américaine est en effet très claire : le premier objectif d'une entreprise est de maximiser ses profits pour les actionnaires. Impossible de refuser une telle offre sans se mettre tout simplement hors la loi !

Comme souvent, c'est en Amérique, le pays de tous les paradoxes, qu'émerge l'une des initiatives collectives les plus intéressantes destinée à offrir une nouvelle légitimité au capitalisme en instillant le gène de la prise en compte des intérêts de toutes les parties dans l'ADN même de l'entreprise.

L'idée a germé dans la tête de trois condisciples de Stanford, Andrew Kassoy, Bart Houlahan et Jay Coen Gilbert. En 2007, la bombe des subprimes n'a pas encore explosé que leur propre expérience leur souffle déjà l'intuition du siècle : il est urgent de « faire évoluer le capitalisme » et de passer d'un capitalisme du XXe siècle, dont la seule règle est de créer de la valeur pour l'actionnaire (et on pourrait ajouter le plus vite possible étant donné les dérives financières de la fin du siècle) à un capitalisme du XXIe siècle soucieux de prendre en compte les intérêts de l'ensemble des acteurs (les parties prenantes), autrement dit les salariés, les communautés locales et l'environnement au même titre que les actionnaires. Voilà pourquoi le trio crée une structure sans but lucratif qui vise à promouvoir la modification de la nature même du business en changeant la loi.

B Lab (avec B comme les bénéfices qu'une entreprise peut apporter à l'environnement et à la société dans son ensemble lorsque, par exemple, elle s'approvisionne auprès de fournisseurs locaux ou embauche des personnes défavorisées habitant dans les environs) a en effet vocation à promouvoir la création d'une nouvelle forme juridique d'entreprise, une sorte de modèle hybride entre une entreprise classique (l'équivalent de notre SA française) et une association sans but lucratif. Cette structure milite pour que l'on puisse offrir un nouveau cadre aux entreprises qui considèrent que les résultats ne se mesurent pas uniquement en termes de profits mais souhaitent également se donner des objectifs susceptibles d'avoir un impact positif sur la société et sur leur environnement.

En fait, les B Corps (pour Benefit Corporations) n'auraient peut-être jamais vu le jour si Bart Houlahan et Jay Cohen Gilbert n'avaient pas vécu la même mésaventure que Ben Cohen et Jerry Greenfield à la tête de leurs magasins de sportswear AND 1 : ils n'avaient pu à l'époque, et pour les mêmes raisons que le tandem de Ben & Jerry's, refuser l'offre d'American Sporting Good de racheter leur entreprise pour 250 millions de dollars. Dure la vie d'entrepreneurs en Amérique !

Avec leur organisme sans but lucratif les trois associés ont décidé de promouvoir un nouvel esprit d'entreprise qui vise à réconcilier les contradictions qui minent le capitalisme anglo-saxon et à faire converger les intérêts de l'ensemble des parties prenantes. B Lab octroie à ces entités d'un nouveau genre (appelées les B Corporations) une certification en fonction d'un certain nombre de critères de performance sociale et environnementale. Ses fondateurs aiment à dire que cette certification est « au business durable ce que la certification commerce équitable est au café ou la certification bio au lait ».

Le Maryland est le premier État américain, en avril 2010, à voter un texte permettant la création de B Corps. Onze autres États lui ont emboîté le pas depuis (Californie, Hawaii, Illinois, Massachusetts, New Jersey, New-York, Pennsylvanie, Caroline du Sud, Vermont, Virginie et le district de Columbia). L'État de Washington a également introduit une loi de même nature en mars 2012 (Special Purpose Corporations) dont les règles sont un peu moins contraignantes. Le mouvement commence à prendre de l'ampleur. Début 2013, il existait plus de sept cents B Corps dans une soixantaine de secteurs d'activité et vingt-quatre pays différents. La plupart sont des PME comme Seven Generation, Comet Skateboards ou King Arthur Flavour Company. Mais le mouvement compte aussi des entreprises aussi emblématiques que Patagonia ou bien sûr Ben & Jerry's.

Grâce au vote d'une loi ad hoc, ces B Corps évoluent dans un cadre juridique spécifique. Via leur structure particulière, ces entreprises s'inoculent en quelque sorte le gène de la responsabilité sociale. Leur raison d'être, précisée dans les statuts, spécifie en effet qu'elles ne se donnent pas uniquement pour but de faire du profit mais aussi de garantir que leur développement s'accompagnera d'une trace positive pour la société. Elles doivent mesurer l'impact de leurs décisions sur leurs salariés, sur la collectivité et sur l'environnement. Avec un mot d'ordre clair : il ne s'agit pas ici de devenir juste *The Best in the World*, mais *The Best for the World* en relevant les défis environnementaux et en aidant chacun à mieux s'épanouir dans son travail. Les clients, les actionnaires et les salariés mais aussi l'environnement et les sous-traitants sont au cœur de leurs préoccupations.

Le processus de certification s'effectue notamment à l'aide d'un système de notation mis au point par B Lab avec l'aide de consultants indépendants. Les sociétés candidates doivent répondre à un certain nombre de normes sociales et environnementales et se soumettre à des audits réguliers. Elles s'engagent, une fois agréées, à publier informations et rapports sur leurs performances selon une grille de normes préétablies et contrôlées. Elles doivent le dire et… le faire. Inutile d'espérer se contenter, comme le souligne Coen Gilbert, d'« un joli rapport annuel rempli d'herbe verte, de ciel bleu et d'éolienne ». B Lab mène de manière aléatoire des audits de manière à vérifier ce que ses ouailles font vraiment.

On pourrait considérer que d'autres formes de statuts comme les associations ou les coopératives sont susceptibles de remplir ce rôle. Mais ce qui est intéressant dans ce mouvement c'est que soit exprimée la volonté de créer de nouvelles formes d'entreprises dont la finalité serait élargie. Tout le monde a pu vérifier désormais que la célèbre formule « ce qui est bon pour Coca-Cola est bon pour les États-Unis » est obsolète. Ce que propose ce mouvement ce sont des entreprises qui tiennent une promesse bien plus ambitieuse : « Ce qui est bon pour l'entreprise est bon pour la planète » et pas seulement, bien sûr, d'un point de vue purement environnemental. Andrew Kassoy, l'un des fondateurs, a l'habitude de dire : « Nous avons compris qu'un grand nombre d'entreprises, de consommateurs et d'investisseurs veulent créer de la valeur pour l'ensemble des *stakeholders* –, pas seulement pour les actionnaires. » De ce point de vue, ce mouvement s'inscrit directement dans une nouvelle approche du capitalisme où le collectif prévaut sur l'intérêt individuel et où l'entreprise est susceptible de jouer un rôle dans l'intérêt de l'ensemble des acteurs. Plus question de gagner contre les autres.

Cette évolution révèle aussi la crise morale de l'élite américaine vis-à-vis du capitalisme financier. Dans le même ordre d'idée a été créé en 2009 le serment de Harvard. À la suite de la crise financière, des étudiants de Harvard se sont rendu compte qu'elle résultait en grande partie des comportements de dirigeants passés comme eux par les universités les plus prestigieuses. Ils ont alors rédigé un serment, à la façon de celui d'Hippocrate pour les médecins, qui engage ceux qui le tiennent à un code comportemental. On y lit : « En tant que manager mon but est de servir le bien commun en rassemblant les personnes et les ressources pour créer une valeur que nul ne peut créer à lui seul. [...] Je sauvegarderai les intérêts de mes actionnaires, collaborateurs, clients et la société dans laquelle nous évoluons. Je m'efforcerai de créer de la prospérité dans le monde économique, social et environnemental. »

L'idée d'offrir un cadre légal aux entreprises qui ne placent pas le profit en tête de leurs priorités n'est pas spécifique aux États-Unis. Elle chemine aussi en Grande-Bretagne par exemple, où une loi permet depuis 2005 de créer ce que l'on appelle des *Community Interest Companies*, tandis que des lois comparables sont en cours d'élaboration dans d'autres pays européens. En France, certaines entreprises n'ont pas attendu de disposer d'un cadre législatif spécifique pour parier sur l'esprit d'équilibre qui régit le mouvement B Corp. Citons notamment Norsys, cette SSII (société de service et d'ingénierie informatique) de trois cents collaborateurs, dont le siège est installé en lisière de la petite commune d'Ennevelin et dont le sigle est trois anneaux liés ensemble. « Vous connaissez les nœuds borroméens ? Ils sont attachés de telle façon que si l'on en retire un, les autres se délient. Pour Norsys, cela signifie : sans performance humaine et sociétale, pas de performance économique », aime à souligner Sylvain Breuzard, le P-DG fondateur.

De fait, ce patron, ex-président du Centre des jeunes dirigeants et membre du conseil d'administration de Greenpeace, a un credo, la performance globale, et met en application ce qu'il professe. « Toutes les actions de l'entreprise doivent répondre à une triple finalité – économique, humaine et sociétale ; à défaut, le projet envisagé n'est pas engagé. Par exemple, les propositions commerciales sont accompagnées d'une étiquette environnementale qui précise l'impact carbone de la réalisation du projet informatique et propose des adaptations, notamment sociales, pour le réduire[1] », commente le P-DG. Et il concrétise ses idées depuis une politique de management participatif jusqu'à des actions philanthropiques via la fondation Norsys en passant par une université d'entreprise. Sans oublier le campus d'été, moment fort de l'entreprise, qui associe pendant deux semaines salariés, clients et société civile autour de débats et autres tournois sportifs.

CV anonymes, engagement sur la diversité, égalité hommes-femmes, formation à la carte, participation aux bénéfices, RTT, charte de parentalité et convivialité... Sylvain Breuzard aime montrer que son entreprise est en permanence en quête de cet équilibre entre les parties prenantes et que c'est possible même (et surtout) en période de crise. « La crise rend encore plus nécessaire le besoin de répondre à l'humain et au sociétal. C'est justement dans ces épreuves que nous ne devons pas perdre de vue notre ADN et mettre l'économie au service de l'homme[2]. » Une aventure de long terme que permet le contrôle du capital (Sylvain Breuzard en détient 95 % et ses salariés les 5 % restants). Ainsi, lorsque la crise éclate et que les bénéfices commencent à piquer du nez, l'entreprise ne procède à

1. Voir le site des directeurs administratifs et financiers : DAF Magazine n° 7 du 6 septembre 2012.
2. *Ibid.*

aucun licenciement mais décide de ne pas distribuer de dividendes pendant plusieurs années. En mars 2012, la mise en pratique de cette philosophie a valu à Norsys la première évaluation ISO 26000 du RSE – la responsabilité sociale des entreprises – en France. Et Sylvain Breuzard, à plus de cinquante ans, compte bien poursuivre dans cette voie tandis que son entreprise fêtera ses vingt ans d'existence en 2014.

Les B Corps et toutes les entreprises qui, à leur façon, ont suivi la même démarche décident de poser les bases d'un modèle original dans lequel l'objectif n'est pas de gagner mais de coopérer. Et de durer. La compétition existe bien sûr mais limitée à son juste niveau : les concurrents. L'enjeu n'est pas de savoir quelle partie prenante prend l'ascendant. C'est, bien au contraire, la conviction que l'efficacité et la pérennité reposent sur l'équilibre entre les différents acteurs, l'appropriation de l'entreprise par tous. Veiller à ce que les grandes décisions se prennent en concertation et que chacun soit considéré comme un partenaire dont on prend en compte les contraintes et les intérêts. Faire en sorte que tous perçoivent l'entreprise comme la leur, qu'ils s'y sentent bien, tant sur le plan du cadre, des conditions de travail que de l'ambiance qui y règne et des valeurs qui guident l'action de chacun. Avoir une motivation qui repose plus sur l'envie que sur la contrainte. S'appuyer sur les succès collectifs, valoriser l'équipe plus que les individus.

Si l'on souhaite adopter ces principes et si l'on y croit, cela suppose de faire évoluer la finalité même de l'entreprise. C'est ce que prouve ce mouvement né aux États-Unis. Qu'est-ce qui empêche la France de s'en inspirer ?

16.

L'entreprise dans l'impasse

Changer ! Ils n'ont que ce mot à la bouche. Adeline se sent lasse. Au cours des trois dernières années, ils ont mis en place deux nouvelles organisations et trois plans d'économies. On ne sait même plus pourquoi il faut changer et encore moins à quoi cela sert ! Devant la surcharge de travail, deux de ses collègues se sont mis en arrêt maladie. Donc tout retombe sur ceux qui restent. Les dirigeants sont tellement débordés qu'ils sont injoignables. Même lorsqu'on arrive à engager une discussion, ils répètent qu'ils sont comme tout le monde et qu'ils n'ont aucune information supplémentaire ! C'est bien parce que son conjoint vient de se lancer comme autoentrepreneur et qu'ils ont besoin d'un salaire fixe qu'elle reste. Sinon, il y a longtemps qu'elle aurait démissionné.

Toutes les entreprises prétendent développer des politiques de responsabilité sociale et environnementale. Toutes avancent qu'elles considèrent leurs collaborateurs comme leur « première richesse ». Toutes se sont approprié l'objectif de bien-être de tous. Toutes affirment qu'il n'est de réussite que « collective ». Toutes enfin, insistent sur le « partage de la valeur » et le respect des intérêts de chaque partie prenante.

Mais la réalité est malheureusement assez différente. Si les entreprises classiques ont tellement besoin d'affirmer ces grands principes, c'est qu'elles savent que leurs pratiques sont trop souvent en contradiction avec leurs objectifs et donc la façon dont elles gèrent leurs collaborateurs. Ces principes sont brandis et servent de base à la communication interne. Lorsqu'ils sont mis en œuvre, c'est qu'ils ne dérangent ni l'actionnaire, ni le fonctionnement de l'organisation mise en place par les dirigeants.

En fait, les entreprises étouffent sous les contradictions qu'elles n'arrivent pas à résoudre. Elles sont dans une quête épuisante visant à concilier l'inconciliable. Elles savent qu'elles ont besoin de faire confiance pour s'appuyer sur l'intelligence des équipes et ne parviennent qu'à les enfermer dans un carcan de process et de reporting. Elles ont d'abord besoin de performance collective et continuent de mettre la pression sur les performances individuelles. Elles savent que l'adhésion se crée dans la transparence et la contribution, et elles cultivent le secret et imposent un modèle *top-down*. Elles ont fait l'expérience qu'il n'y a pas de développement durable sans bien-être et ne peuvent s'empêcher de stresser et de déstabiliser les collaborateurs. Elles connaissent les contradictions entre les intérêts à court terme et la pérennité mais privilégient toujours les premiers face à la seconde.

Au quotidien, deux autres contradictions complexifient encore la vie des salariés : vouloir s'adapter en permanence à l'évolution du monde en gardant une identité et chercher à offrir des produits à forte valeur ajoutée en s'appuyant sur des méthodes low-cost.

Changer sans être déstabilisé

La question n'est pas de savoir s'il faut changer. En l'espace de quarante-huit heures, un tsunami au Japon a révolutionné notre perception de l'énergie nucléaire. Ce phénomène n'est pas récent. La nouveauté, c'est qu'il est permanent, plus brutal, et ne concerne plus seulement les techniques, mais aussi les organisations, les manières de travailler, l'interaction entre les individus, les compétences et les comportements. Autrement dit, à peu près tout !

Changer peut déstabiliser. Le philosophe Paul Ricœur différenciait l'*Idem et l'Ipsé.* La première dimension, l'*Idem,* est ce qui nous permet de nous structurer dans la durée, nous retrouver, tels que nous sommes et être reconnus par les autres. C'est la partie de chacun qui ne change pas. Aussi loin que l'on se souvienne de son enfance, ces traits de personnalité, ces caractéristiques physiques sont présents. C'est ce qui nous permet de savoir qui nous sommes. La seconde, l'*Ipsé*, constitue la promesse de ce que nous serons demain, différents, imprégnés de notre environnement lui-même en perpétuelle évolution. Chacun d'entre nous doit trouver l'équilibre entre ces deux dimensions : rester le même et en même temps être capable d'évoluer.

À la suite d'une conférence sur le changement où je développais son caractère irrémédiable, l'une des participantes est venue me voir, cachant mal sa colère : « Je suis heureuse de ce que je suis, pourquoi voulez-vous m'obliger à changer, à perdre mon identité ? » Dans la grande majorité des cas, le changement est d'abord mal vécu, en effet.

Les crises successives nous font prendre conscience de la précarité de tout ce qui nous entoure. Qu'est-ce qui pourrait ne pas faire faillite ou disparaître ? Les banques ? Les États ? Les entreprises publiques ? « Citez-moi un domaine qui n'est pas en crise[1] ! » s'exclame le philosophe Michel Serres.

Que ce soit pour soi ou pour son entourage, cette précarité est vécue par chacun d'entre nous comme une menace permanente. Un peu comme si on construisait sur le sable.

La grande majorité de ceux qui sont au travail aujourd'hui estiment qu'il est légitime d'exercer un emploi lié à leur formation initiale. « À la génération précédente, continue Michel Serres dans la même interview, un professeur de sciences à la Sorbonne transmettait presque 70 % de qu'il avait appris sur les mêmes bancs vingt ou trente ans plus tôt. Élèves et enseignants vivaient dans le même monde. Aujourd'hui, 80 % de ce qu'a appris un professeur lorsqu'il était étudiant est obsolète. »

Il en va de même dans les entreprises : des jeunes peuvent arriver sur certains postes techniques en étant plus compétents que leurs aînés. C'est alors toute la hiérarchie millénaire du travail (il fallait des décennies à l'apprenti pour égaler le maître) qui est remise en cause. Dès lors, le modèle selon lequel on progresse dans la qualification et la rémunération avec l'ancienneté perd une grande part de sa légitimité. Mais on préfère laisser le système perdurer, au moins en apparence, et licencier en fin de carrière pour alléger les charges des entreprises.

L'entreprise sait que l'adaptation est la clé de la compétitivité. Changer vite, tenir compte des évolutions de l'environnement international, concurrentiel et réglementaire ; offrir les produits qui correspondent toujours exactement aux attentes des clients. Tout cela suppose une adaptation

1. Interview dans *Libération*, samedi 3 septembre 2011.

permanente qui se traduit par des évolutions plus rapides qu'autrefois.

Ceux qui dirigent l'entreprise les considèrent de plus en plus comme indispensables et à réaliser d'urgence. Sur le terrain arrivent les injonctions à changer de process, de logiciel, de mode de reporting, de manière de travailler, d'objectifs, de priorités… La difficulté tient principalement à la nécessité de continuer à produire tout en intégrant les changements, car changer prend du temps. Mais personne n'intègre cette donnée, ni dans les plannings ni dans les objectifs fixés en début d'année. Le changement vient par surcroît, comme s'il allait se faire tout seul et qu'il suffisait de le décider d'en haut pour qu'il soit mis en place comme par enchantement.

Les injonctions de faire autrement sont mal vécues par les salariés. Faute d'avoir pris le temps d'y mettre du sens, faute d'avoir accompagné la mise en œuvre, les salariés les vivent comme une remise en cause. Pourquoi leur demander de changer si ce n'est parce qu'ils font mal leur travail ? Et de fait, changer les sort de leur routine pour les mettre dans un nouvel apprentissage qui est toujours une forme de remise en cause. On sous-estime toujours l'inconfort de celui auquel on impose le changement. Dès lors s'installe un autre type de confrontation entre ceux qui, au sommet, voient avec inquiétude le monde évoluer et mesurent la nécessité de s'y adapter et ceux qui, à la base, vivent ces évolutions comme une agression qui les remet sans cesse en cause. De là naissent les résistances.

Pour que le changement soit une source de cohésion sans avoir d'effets délétères, il doit répondre – surtout en France – à trois conditions. La première est qu'il donne du sens au travail quotidien, c'est-à-dire qu'il soit rapproché d'une finalité dans laquelle le collaborateur se retrouve.

La deuxième est que l'entreprise ait développé une vraie culture du changement. Chacun sait que ce n'est pas l'exception mais la normalité et que cela passe par des phases d'apprentissage. Enfin la troisième condition est de savoir ce que l'on ne change pas.

Savoir qui on est pour se sentir prêt

Dans le mouvement brownien, les entreprises perdent leur âme. Ni l'entreprise ni ses salariés ne savent plus qui ils sont. Lorsqu'on interroge ces derniers sur l'identité de leur entreprise, ils reformulent souvent la question en disant : « Vous voulez parler de notre ADN ? » L'ADN d'un individu, c'est à la fois ce qu'il a en commun avec ceux de son espèce mais aussi ce qui le différencie et le rend unique. Son parcours lui permet de se structurer par mimétisme, par appartenance à un groupe, à une culture, mais aussi par différence avec les autres.

Il en va de même pour l'entreprise. Son identité repose sur son histoire, ses valeurs et son domaine d'activité. L'histoire est ce qui permet de comprendre par quelles étapes elle est passée pour en arriver là où elle se trouve aujourd'hui. Une tâche difficile lorsqu'il y a eu rachats et/ou fusions. À traiter l'entreprise comme un pure objet d'investissement, on fait peu de cas de son histoire. Seuls comptent le présent et l'avenir immédiat. L'histoire apparaît même comme un handicap qui la tourne vers le passé. Elle est perçue comme un boulet qui ralentit le rythme du changement et rend les collaborateurs nostalgiques plutôt qu'elle ne les incite à faire autrement. Ce n'est pas un hasard si les entreprises pour lesquelles l'histoire compte le plus sont, en général, familiales. Certaines sont fières de rappeler leurs parcours sur plusieurs décennies, voire plusieurs siècles. D'autres affichent partout la photo du fondateur associée à une maxime (en général noble et généreuse). Dans tous les cas, les racines et l'histoire d'une entreprise, comme celles d'une famille, sont nécessaires pour comprendre le présent. Même si l'activité actuelle n'a plus grand-chose à voir avec ses origines. Ainsi la Société d'emboutissage bourguignonne, autrement dit l'actuelle Seb, a largement dévié, pour son plus grand succès, de son activité initiale.

Les valeurs ? Elles sont inspirées par les convictions des fondateurs et donnent une tonalité, un état d'esprit à l'entreprise qui guident l'action et les comportements. Mais leurs vertus réelles ou supposées ne s'arrêtent pas là. Non seulement elles doivent être fédératrices, mais elles doivent aussi constituer une aide au recrutement et à l'évaluation. Comme chez Zappos, elles n'existent vraiment que si elles vivent à travers la façon dont les salariés les comprennent, les mettent en œuvre, en discutent et se les transmettent entre eux. Les managers les incarnent à travers ce qu'ils montrent à leurs équipes. Cela fait partie de leur rôle. Elles devraient être déterminantes à l'occasion des nominations, des changements de poste ou des orientations de carrière. C'est la façon dont les acteurs les mettent en pratique qui devrait être l'un des critères essentiels pour choisir et faire progresser les managers. Voilà la théorie.

En pratique, les valeurs sont des principes écrits, figés, répétés dans tous les documents officiels et même parfois affichés dans les bureaux. Dans certaines entreprises, elles sont intégrées à l'entretien annuel. Dans les faits, cette partie de l'entretien rend le manager et son collaborateur mal à l'aise. Car si l'un doit évaluer l'autre, la réciproque pourrait être aussi pertinente. Et l'un et l'autre savent que ce n'est pas le sujet principal, c'est-à-dire les résultats.

En fait, les valeurs relèvent plus du registre du discours, de l'incantation que de l'action, concrète, inscrite dans la réalité. Chacun affirme d'autant plus facilement qu'il y adhère que cela n'engage à rien ! Les dirigeants les brandissent de façon opportuniste pour mettre une touche morale à leur discours. Souvent mal connues des collaborateurs, elles ne le sont jamais par les conseils d'administration qui de toute façon ne se sentent pas concernés. Elles prouvent l'hypocrisie et le décalage entre ce qui est affiché et la réalité. Et donc poussent au cynisme : celui qui y croit est au mieux un naïf, au pire un imbécile.

Finalement, ce n'est qu'un outil comme un autre, une façon supplémentaire de mettre la pression.

Enfin, l'identité repose en grande partie sur l'activité des entreprises. Celles qui travaillent dans le secteur de l'énergie mettront volontiers en avant le côté stratégique, géopolitique de leur champ d'action. Les acteurs de l'internet valoriseront plutôt leur avant-gardisme, leurs capacités d'innovation et la jeunesse de leurs équipes. Chaque branche affiche ses spécificités qui concrétisent et symbolisent une appartenance par proximité et par assimilation. Pour désigner l'ensemble des acteurs d'une activité donnée, on parle de « profession ». Ce troisième pilier est lui aussi mis à mal par les évolutions très rapides des activités qui font passer des industriels aux services.

En changeant en permanence se développe le sentiment d'être une feuille au vent, un bouchon sur la rivière porté par le flux sans aucune capacité à se diriger. Il ne reste plus qu'à essayer de survivre dans le tourbillon permanent.

Créer de la valeur ajoutée avec les moyens du low-cost

Autre contradiction qui empoisonne la vie des entreprises : la façon dont elles se positionnent face au phénomène low-cost. Ces compagnies ont bouleversé la concurrence en s'appuyant sur un modèle simple. Elles offrent un service ou un produit basique fabriqué sur une chaîne taylorisée où les process règnent en maîtres. Le client, lui-même, entre dans le process et accepte de s'adapter à ces contraintes en échange du prix modique.

Dès lors, tous les autres produits qui ne sont pas low-cost doivent démontrer qu'ils apportent une valeur ajoutée supplémentaire. En quoi un trajet Paris-Barcelone à plus de 200 euros sur une compagnie régulière justifie-t-il la différence de prix avec les 30 euros d'un Easy Jet ? Le premier choc a concerné les produits manufacturés usinés dans les pays émergents, mais maintenant plus aucune activité n'est épargnée par cette forme de concurrence. De l'assurance à la téléphonie, de la location de voiture aux soins médicaux, chaque acteur du secteur est confronté à ce choc. Choisir d'être trois ou quatre fois moins cher que le prix habituel ou faire la preuve d'une forte valeur ajoutée pour le client.

Le produit low-cost est une commodité, simple à produire et à reproduire. Il repose sur une organisation qui ne souffre aucune exception. La discipline des collaborateurs y est essentielle. Si chacun fait ce qu'on lui a demandé, la mécanique tourne. Le mode de management est simple : formation, contrôle, productivité, récompense.

À l'inverse, l'offre à valeur ajoutée s'appuie sur la complexité (produit innovant difficile à reproduire), la promesse étant que ce n'est pas le client qui s'adapte au produit (ou au service), mais le produit (ou le service) qui s'adapte au besoin du client. Un exemple est l'arrivée de l'iPhone. En quelques mois, il impose un nouvel usage et oblige ses concurrents à s'adapter... ou à mourir.

En réalité, on s'aperçoit que cette promesse est rarement tenue. Le modèle à valeur ajouté est compliqué à mettre en place. Être innovant et adaptable exige d'avoir des collaborateurs qui s'approprient les enjeux communs, qui sachent travailler en équipe, qui s'inscrivent dans un processus d'amélioration permanente, etc. Le management à la carotte et au bâton s'y montre parfaitement inefficace, c'est sur l'intelligence de chacun que repose l'efficacité du système.

Prenons le cas des entreprises bien installées sur leur marché depuis des années. Elles sont dans une forme de routine et dans un mode de management traditionnel et hiérarchisé. Bousculées par les nouveaux arrivants, elles doivent tout changer : non seulement l'offre au client pour être perçues comme supérieures à celle de la concurrence, mais aussi, du coup, leur fonctionnement. Ayant pris de mauvaises habitudes, elles offrent trop souvent un service ayant peu de valeur ajoutée à un coût élevé ! Devant l'ampleur de la tâche et sous la pression du court terme, elles choisissent le plus souvent de rester dans leur zone de confort. Dès lors, il ne leur reste qu'une option pour tenter de défendre leurs positions : atténuer la différence de prix en réduisant les coûts. En pratique, comment font-elles ? Elles mettent en place de nouvelles procédures qui imposent un cadre contraignant et empêchent les managers de prendre toute initiative qui risquerait de faire déraper les coûts. Tout est formaté et ce qui ne l'est pas suppose un accord préalable de la hiérarchie. C'était la tentative de France Telecom sous la présidence de Didier Lombard qui a déclenché la crise de 2009. Cette bataille est perdue d'avance avec les mêmes collaborateurs. Tout simplement parce qu'on ne demande pas aux hôtesses d'Air France de nettoyer les avions pour se battre sur le terrain de Ryanair. Transformer ceux auxquels on demandait de prendre des initiatives en simples exécutants n'est pas très valorisant !

Les dirigeants n'ont souvent pas résolu la contradiction entre initiatives et exécution. Ils essaient de jouer sur les deux registres. Le résultat est la mise en place de process contraignants tout en tenant un discours valorisant l'initiative sans prendre en compte l'incompatibilité pratique dans laquelle ils mettent leurs collaborateurs.

Les responsables de l'organisation d'une part et ceux des achats d'autre part sont ainsi les bras armés de cette politique. On rogne sur tout. Du remboursement des frais aux moments de convivialité, du forfait téléphonique aux déplacements. D'un côté, la vie quotidienne est moins confortable et pleine de petites frustration qui la rende moins plaisante. De l'autre, ces règles limitent les possibilités d'action. Pour autant, la communication interne promeut l'initiative, la prise de risque, l'audace et vante les vertus du bien-être au travail. Qui imagine que Google puisse avoir sa puissance d'innovation dans des locaux en grande banlieue où les collaborateurs sont enfermés dans des horaires et contrôlés sur tout ce qu'ils font, sans aucun espace de silence ou de convivialité ?

C'est après ce mythe que courent les dirigeants qui n'ont pas su faire un choix clair entre le modèle à haute valeur ajoutée et le low-cost.

Quel que soit le modèle, les process ont leur fonction et sont indispensables. Le risque est qu'ils soient appliqués de façon identique lorsqu'on cherche la haute valeur ajoutée ou le low-cost : une règle absolue qui permet aux dirigeants de tout contrôler et transforme tous les autres en purs exécutants. Tous sont rassurés par le cadre. La hiérarchie, car elle pense maîtriser, les collaborateurs par ce paravent derrière lequel ils peuvent s'abriter.

On a longtemps cru, par exemple, que les questions de sécurité pouvaient se régler de cette façon. À ce stade, il est intéressant de s'arrêter un instant sur les propos de Kiyoshi Kurokawa, le président de la commission parlementaire japonaise mise en place après l'accident de Fukushima : « C'est un désastre made in Japan. Notre conditionnement à l'obéissance, notre réticence à questionner l'autorité, notre dévotion à adhérer au programme, notre mentalité de groupe et notre insularité en sont les causes fondamentales. » On peut lire ces propos comme l'application inepte de process inadaptés. La limite du process c'est lorsqu'il vient perturber le bon sens du terrain. Face à l'événement, la mécanique sans intelligence perd toute efficacité car elle tourne en fonction de ce qui a été prévu mais sans aucune souplesse. Combiner règles et adaptabilité, voilà l'enjeu.

C'est bien cette contradiction qui demeure dans presque toutes les entreprises. Les économies et le low-cost sont rassurants à court terme. Ce modèle convient aux actionnaires toujours inquiets que les coûts dérapent et qui gardent une suspicion vis-à-vis de tout investissement immatériel.

Tous dépressifs

Face à toutes ces contradictions, l'entreprise fabrique de l'impuissance acquise. L'impuissance acquise est le modèle animal de la dépression. Le principe est simple (c'est le test dit de Porsolt) : on met un rat de laboratoire dans une bassine d'eau. Celui-ci nage pour en explorer les bords et trouver une issue pour s'en sortir. Quelques minutes plus tard, il renonce et se laisse flotter sans rien tenter. Puis, au bout d'un délai plus ou moins long, il va refaire une tentative. L'injection d'antidépresseurs relance les tentatives de trouver une solution. Dans la vraie vie, face aux contradictions, les collaborateurs s'efforcent de donner du sens à leur action mais très vite ils sont mis en échec par le système. Celui qui veut prendre des initiatives sera rappelé à l'ordre, celui qui fera référence aux valeurs sera rappelé au pragmatisme de l'action à mettre en place.

Très vite les collaborateurs comprennent qu'il vaut mieux se laisser porter par le flux. Attendre les injonctions, suivies de contre-ordres, trouver un modus vivendi minimum en s'installant dans le rôle de purs exécutants. Ce n'est en général pas de bon augure pour l'avenir de l'entreprise.

17.

Passer d'un modèle à un autre

« Ce n'est pas adapté à la culture française ! » Bertrand dit ce qu'il pense puisqu'on le lui demande. Il est dans un sous-groupe de travail à la suite d'une présentation par les dirigeants de la façon dont ils souhaitent faire évoluer l'entreprise. Inspirés de nouveaux modèles dont ils ont entendu parler, ils voudraient une entreprise plus collaborative, plus axée sur l'initiative et stimulée par la motivation de chacun. Pour cela, ils ont annoncé un tassement de la hiérarchie et ont proposé aux équipes de trouver les solutions à toutes les conséquences organisationnelles d'un tel changement.

Mais dans les sous-groupes en charge d'élaborer des solutions, le scepticisme règne. Chacun voit qu'il va devoir faire autrement pour régler ses problèmes quotidiens et que le déversoir confortable incarné par le chef ne sera plus là. Chacun y va de ses questions et demande à être rassuré avant d'être une force de proposition.

La description de ce que pourrait être une entreprise plus équitable séduit. En revanche, dès qu'il s'agit de l'appliquer à celle à laquelle on appartient, on ne voit plus que les obstacles à leur mise en œuvre. Les réticences sont considérables. Elles sont liées à des années d'habitudes dans lesquelles chacun a trouvé une part de confort même si l'inconfort reste dominant. C'est que tout le monde doit changer. Les dirigeants doivent notamment accepter de lâcher une part du contrôle qui les rassure tant. Ils ont aussi à favoriser plus de transparence. Les salariés, de leur côté, doivent renoncer à avoir devant eux une voie toute tracée par des patrons qui leur annoncent l'avenir comme d'autres la météo et donnent les recettes de mise en œuvre. En somme, il leur faut à la fois prendre eux-mêmes des décisions là où tout était déjà réglé et avancer vers un nouveau mode de fonctionnement dont on ne connaît pas complètement les contours. Autrement dit, chacun doit se mettre en risque. Avec comme condition première être suffisamment en confiance pour ne pas craindre d'être déstabilisé par ses proches.

À chaque entreprise son modèle

Pas question évidemment de chercher à reproduire à l'identique ce que font Zappos ou Favi ! Ces entreprises ont trouvé un nouveau mode de fonctionnement par essai-erreur et établi une forme d'équilibre qui tient compte de leur activité, de leur business modèle et de leur histoire. C'est bien regrettable, il est tellement plus facile de reproduire ce qui existe ! Lorsque l'entreprise est convaincue qu'un changement est utile, elle a pris l'habitude de demander à des consultants de le mettre en place chez elle. Ces derniers sont d'ailleurs choisis sur leur expérience pour avoir fait la même chose ailleurs. On copie ce qui marche chez les autres et tout va bien. Mais ici, pas question de simplement reproduire. On peut s'inspirer des autres mais c'est son propre modèle qu'il faut élaborer. Il n'y aura pas de grand soir mais des étapes qui passent d'abord par l'adhésion des acteurs. Ce n'est pas en quelques mois que l'on pourra favoriser la collaboration, stimuler la motivation intrinsèque, responsabiliser à tous les niveaux, garantir le bien-être et partager le capital !

Cette nécessité d'inventer en marchant est l'un des principaux freins. Pendant les travaux, la vente continue. Comment trouver de la disponibilité alors que la pression de l'activité et des clients est présente ? Beaucoup y renoncent, trouvant à la fois un réconfort dans l'action quotidienne répétitive et un prétexte pour ne pas se lancer dans un changement qui ouvre vers l'inconnu.

S'inspirer des principes

Quels sont les principes qui régissent les nouveaux modèles d'efficacité ? Ceux qui suivent constituent une base sur laquelle chaque entreprise peut commencer à construire autre chose :

1. La motivation intrinsèque plus que la motivation extrinsèque. Le ressort de l'envie est supérieur à celui de la récompense. Il faut en permanence s'interroger sur la manière de le stimuler et de le développer.
2. La confiance et l'autonomie. Les collaborateurs ne peuvent pas faire leur travail sans réfléchir et sans avoir une marge de décision. C'est comme cela qu'ils apportent de la valeur à l'entreprise.
3. La performance collective doit primer la performance individuelle. La mise en rivalité des acteurs vient toujours freiner le fonctionnement collectif. C'est sur la complémentarité plus que sur la compétition interne qu'il faut s'appuyer.
4. L'importance des valeurs et des comportements. Tous les principes qui précèdent ne sont possibles à

mettre en œuvre que s'il existe une forte culture fondée sur des valeurs communes. Elles doivent inspirer les comportements de tous et nourrir une confiance mutuelle.

5. Être attentif au bien-être au travail. Faire des lieux de travail des lieux de vie dans lesquels les salariés se sentent bien et ont envie de se trouver est essentiel à la performance.
6. Équilibrer les enjeux de long terme avec ceux de court terme. Ne pas sacrifier les investissements pour une rentabilité à court terme.
7. Partager le pouvoir et la valeur ajoutée. Certains comme les coop ou sous d'autres formes comme Essilor vont jusqu'à répartir capital. Le principe est de trouver le plus possible de consensus et de ne pas avoir la toute-puissance des uns et la soumission des autres.
8. Le respect de l'équilibre des intérêts entre toutes les parties prenantes. Veiller à ne pas centrer l'entreprise sur l'unique objectif d'enrichissement des actionnaires mais prendre en compte aussi les intérêts des salariés, des clients et de l'environnement écologique et sociétal de l'entreprise.

Bien imprégné de ces principes, il reste maintenant à franchir les étapes suivantes qui vont permettre de passer d'un modèle à l'autre.

Définir le projet

C'est la première étape. Encore faut-il s'entendre sur ce que cela signifie ! Un projet comporte d'abord une vision commune. Celle-ci doit être inspirante pour chacun. Ce qui veut dire compréhensible et possible à traduire dans la vie quotidienne des salariés. Il comporte aussi une promesse pour le client : en quoi l'entreprise s'engage-t-elle vis-à-vis de lui ? Et donc, quelles conséquences cela comporte, notamment dans la façon dont les équipes réalisent leur travail ?

La vision et la promesse doivent être fixées avec le plus grand nombre. Plus les salariés sont associés plus ils sont engagés et se sentent partie prenante.

L'histoire se passe dans une entreprise de l'internet de trois cents personnes. Le fondateur a été racheté par un fonds qui a mis à la tête de l'entreprise un jeune manager décidé à redonner l'esprit start-up à l'entreprise qui l'avait un peu perdu. Au fil des ans, le fondateur était devenu de plus en plus autoritaire, régissant tout lui-même et régnant par la terreur. Le nouveau dirigeant commence par déménager et, s'inspirant de Google, laisse ses collaborateurs aménager les locaux comme ils en ont envie avec des espaces de détente. À son retour de vacances au mois d'août, il trouve son entreprise totalement relâchée. Plus personne ne respecte les horaires, les collaborateurs passent des heures au baby-foot et les performances de l'entreprise s'en ressentent immédiatement. Dépité, il se dit que la confiance, ça ne marche pas toujours.

De fait, la transition d'un mode de management directif à un mode de management participatif ne peut s'effectuer que par étapes et après avoir fait travailler les équipes à la fois sur les valeurs et les comportements qui y sont associés.

Car tout ou presque repose sur les valeurs que l'entreprise s'est données. Elles sont le socle sur lequel se structurent les relations.

Pour les choisir, il faut tenir compte de l'histoire de l'entreprise. Mais elles doivent aussi être cohérentes avec la vision de l'avenir. Elles sont en effet un code de conduite. Si la confiance est au cœur du modèle comme chez Favi, l'honnêteté en découle. Dès lors, les regards croisés constituent autant de rappels. Celui qui déroge choque. Il se marginalise et à terme s'exclut. Les valeurs définissent l'exemplarité. Si la ligne hiérarchique n'en est pas imprégnée, elles n'ont aucune utilité.

Elles s'expriment souvent en termes génériques : exigence, sens du client, esprit d'équipe, rigueur, innovation… Il faut les traduire en comportements concrets qui engagent les acteurs. Le mieux est que ce soit eux-mêmes qui le fassent. Ailleurs, elles constituent la base d'un questionnaire d'évaluation croisée. Et cette évaluation est prise en compte dans la performance globale et donc dans la façon dont sont promus et rémunérés les salariés.

Poser des règles

Les règles ? Elles sont juste indispensables pour régir le fonctionnement d'une organisation. Prenons l'exemple des vacances ou celui du télétravail. Pas question que chacun puisse tout seul décider de ce qu'il veut faire. Un cadre doit être posé qui s'applique à tous. Le cadre étant clair, on peut faire confiance aux acteurs pour qu'ils le respectent sans avoir besoin de mettre en place des contrôles. Pour définir le cadre, ici encore, la méthode participative est la plus efficace. Par exemple, un pool d'assistants doit pouvoir fixer lui-même les règles qu'il se donne pour assurer la continuité de sa prestation tout en permettant aux uns et aux autres de choisir leurs périodes de vacances et de faire du télétravail. Ces règles peuvent évoluer en fonction des contraintes de l'entreprise ou des demandes des clients.

Plus elles ont été pensées par les acteurs eux-mêmes, plus elles seront appropriées et donc mises en œuvre sans que cela soit vécu comme une contrainte absurde.

Établir les (bons) indicateurs

Plus les acteurs sont autonomes et doivent apporter de la valeur par leur réflexion, plus il est nécessaire qu'ils disposent des bonnes informations. Il leur faut à la fois être sûrs qu'ils s'inscrivent dans les priorités de l'entreprise mais aussi qu'ils puissent suivre leur propre performance pour vérifier que leurs actions ont bien l'effet souhaité. Chez Favi, les deux indicateurs clés sont la marge sur chaque pièce produite et vendue et le niveau de la trésorerie de l'entreprise. Chaque entreprise doit déterminer les bons indicateurs en trouvant un compromis entre l'envie d'en avoir beaucoup et la nécessité de rester simple.

Dans ces nouveaux modes de fonctionnement, il reste à trouver comment valoriser… ceux qui contribuent plus que les autres. La question n'est pas simple car si on retombe dans le modèle antérieur de la performance individuelle, on risque de casser la dynamique qu'on tente de structurer. Gore-Tex a résolu ce problème en élaborant, par projet, des évaluations croisées de tous les acteurs sur leur niveau de contribution. À chaque entreprise de trouver sa solution en gardant comme enjeu principal de privilégier le collectif sur l'individuel.

Refonder le système de partage

Ce sujet est très chargé émotionnellement et touche à l'intime de chacun puisqu'il s'agit de son rapport à l'argent, du mode de reconnaissance, de sa perception entre sa contribution et sa rétribution, de sa valeur personnelle, de son rapport au risque, etc. D'un côté, les actionnaires qui mettent volontiers en avant le risque financier qu'ils ont pris et qui doit être rémunéré, de l'autre, les salariés qui font le résultat de l'entreprise. La plus grande difficulté de cette étape est bien de faire collaborer les uns avec les autres, surtout en France, pays assez conflictuel comme chacun sait. Souvent les actionnaires sont lointains et anonymes et leurs représentants au conseil d'administration entendent leur mandat de la façon la plus étroite : faire valoir leurs intérêts quel que soit le contexte. Cette vision interdit tout dialogue. Il est clair que les dirigeants ont un rôle fondamental à jouer dans ce domaine aussi, même si ce n'est pas le plus facile.

Tout le monde admet que les membres permanents du Conseil de sécurité de l'ONU ne reflètent plus l'état du monde. Mais ceux qui ont leur siège s'y accrochent. De même il est, au fond, anormal que tous les pouvoirs, dans l'entreprise, soient entre les mains des actionnaires et des dirigeants, les autres parties prenantes ne pouvant que subir, s'en aller ou résister. Le risque est de raisonner en tout ou rien, comme si commencer à aborder le sujet, c'était déjà mettre le doigt dans un engrenage. On peut tout d'abord prendre l'habitude de plus de transparence dans la communication interne. Puis, progressivement, celle de discuter avec les salariés avant de prendre les décisions. C'est ainsi que l'on fait progresser la maturité de tous.

Il n'y a pas de recettes pour passer d'un modèle à l'autre. En revanche beaucoup de détermination et une démarche itérative sont impératives. On est souvent surpris par les poches de résistance qui ne se trouvent pas là où on les attend. Finalement, l'idéal est de laisser les acteurs expérimenter par étapes le changement pour qu'ils progressent et prennent confiance d'abord en eux-mêmes puis dans leurs interlocuteurs.

Conclusion

Aux débuts d'internet, deux tentatives d'encyclopédies en ligne ont été lancées. L'une, Encarta, financée par Microsoft, avait l'ambition d'être réalisée par des prix Nobel. Dans chaque matière, l'état de la connaissance devait être rédigé par une autorité scientifique de référence. L'autre, Wikipédia, avait vocation à devenir l'encyclopédie élaborée par les internautes. Chacun peut se déclarer compétent et rédiger une notice, corrigée et enrichie par un autre. La première n'a pas résisté au succès de la seconde. Autrement dit, la puissance financière alliée au savoir institutionnel le plus prestigieux n'a pas tenu face à la bonne volonté et au désir de contribuer du plus grand nombre.

Cette histoire, qui date de quelques années, est prophétique. L'entreprise est à un moment charnière où elle doit se réinventer. Le chemin ouvert par ceux qui la font évoluer prend un relief particulier dans le contexte où nous sommes. Tous les indicateurs sont au rouge. À bien des égards, l'entreprise symbolise un univers mortifère. Fait de contraintes, recourant à l'obéissance plus qu'à l'intelligence, allant parfois jusqu'à mettre en danger la santé des salariés et exacerbant les rivalités. Mais plutôt que de prendre du recul et de repenser le modèle dans lequel nous sommes, beaucoup préfèrent coller des rustines qui s'accumulent les unes sur les autres. Il y a du stress ? On met en place un programme antistress. Les conflits internes fleurissent ? Dans le meilleur des cas on forme les managers au travail en équipe et à la gestion des conflits. Manque d'innovation et d'initiatives ? On répète à chaque convention que c'est important. Baisse de la motivation ? On multiplie les stages. Pris dans la course à la rentabilité à court terme, les dirigeants ne veulent pas voir qu'ils s'acharnent à maintenir un système à bout de souffle dont l'efficacité s'effrite progressivement.

Beaucoup n'envisagent l'avenir au travail que comme une compétition consistant à presser toujours plus le citron de l'entreprise et de ses salariés pour mieux satisfaire les actionnaires. Les nouveaux modèles nous montrent qu'un autre avenir est possible. Ils ne rendent pas seulement les entreprises plus efficaces. Ils permettent aussi de réconcilier les collaborateurs avec la vie professionnelle. Les pistes sont innombrables et beaucoup restent encore à inventer.

Comment imaginer l'avenir sans tenir compte des grandes évolutions actuelles ? L'immense révolution de l'internet et des nouveaux modes de communication ne change pas seulement nos relations mais aussi nos aspirations et notre façon d'être. Le monde du travail ne peut plus continuer à ignorer ces évolutions. L'entreprise qui réussit hume l'air du temps et s'y adapte. Pas seulement pour vendre ses produits mais aussi pour créer une harmonie interne, source de créativité et une harmonie externe avec son environnement.

La refondation des entreprises va prendre des années. L'interdépendance, aujourd'hui vécue comme une confrontation dont il faut sortir vainqueur, deviendra une source d'innovation. On peut résister quelques décennies aux mouvements de fond de la société mais, à terme, cela confine à se marginaliser et donc à baisser en performance.

Ce seront donc les managers les plus audacieux et les plus généreux qui émergeront. Ceux qui oseront construire l'avenir sans rester enfermés dans les œillères du passé, ceux qui raisonneront sur l'intérêt collectif avant le leur propre.

Nous avons maintenant la certitude qu'il n'y a pas de fatalité à s'enfoncer dans un capitalisme de plus en plus violent et inégalitaire. C'est une bonne nouvelle, il ne reste qu'à la mettre en pratique !

Table

DU MÊME AUTEUR

Stress.fr, comment l'entreprise peut-elle agir face au stress de ses collaborateurs ?, en collaboration avec Laurence Saunder, Eyrolles – Éd. d'Organisation, 2010.

Le Manager durable, Eyrolles – Éd. d'Organisation, 2004.

N'obéissez plus !, en collaboration avec Daniel Nguyen-Nhon, Eyrolles – Éd. d'Organisation, 2001.

Comment devenir un bon stressé, Odile Jacob, 1994.

Au lieu de motiver, mettez-vous donc à coacher !, en collaboration avec Jean-Luc Emery, Eyrolles – Éd. d'Organisation, 1999.

Managers, faites-en moins !, Eyrolles, 2007.

Le manager est un psy, en collaboration avec Jean-Luc Emery, Eyrolles – Éd. d'Organisation, 1998.

Composition Nord Compo
Impression CPI Bussière en janvier 2014
à Saint-Amand-Montrond (Cher)
Éditions Albin Michel
22, rue Huyghens, 75014 Paris
www.albin-michel.fr

ISBN : 978-2-226-25476-4
N° d'édition : 20795/01. – N° d'impression : 2006970.
Dépôt légal : février 2014.
Imprimé en France.